CRYPTO RESTORATION

クリプト維新

仮想通貨マイニングが人類にもたらすベーシックインカムの未来

山本 征也
YUKIYA YAMAMOTO

日本之書房

まえがき

この本を手に取っていただき、本当にありがとうございます。投資ライターの山本《やまもと》征也《ゆきや》と申します。でもたぶん、私のことを知っている方は、ほとんどいないと思います。なぜなら、この名前は、私が使い分けている文字通りペンネームの一つだから。

投資の世界はまさに魑魅魍魎で、利権、既得権が何重にも絡み合っていて、長くいるほどがんじがらめになっていきます。今の私はまさにそういう状態で、しがらみと守秘義務のせいで、本名で自由に情報発信をするのはほとんど不可能になっています。

なので、まだインターネットが普及する前の若いころに使っていたペンネームを引っ張り出すことで、どうにか出版という形での情報発信ができるようになりました。あえて、いいますが、決して怪しい者ではございません。できれば本の最後まで、何とぞお付き合いくださいませ。

さて、私は大学卒業後に入社した出版社を5年で辞めてからは、ずっとフリーのライターとして食いつないできました。生きるためにいろいろな記事を書いてきましたが、一番多かったのは、ＦＸ、株、投資信託、債券など、投資関係の記事です。著名な投資家の先生にインタビューしたり、商品サービスを紹介したり。

そのため、それなりに投資には詳しいのですが、正直なところＦＸや株ではぜんぜん儲かっていません。辛うじて負けていないレベルです。立場上こういったらまずいのかもしれませんが、投資でお金を増やすのは本当に難しいです。

でも、そんな私が唯一お金を増やせているのが、この本の主役である仮想通貨、別名クリプトコインです。今みたいに値上がりする前に、飲み会の席で教えてもらって酔っ払いながら買ったビットコインが猛烈に値上がり。でも保有したこと自体を忘れていて、半年くらいしてチェックしたら１００万円以上の価値になっていて仰天しました。

さらに、ビットコインの儲けを一部出金し、自宅で仮想通貨を採掘できるマイニング機材の購入に充てたりして、こちらもプラスになっています（マイニングについては、後でしっかり解説します）。

こんな感じで、投資が下手な投資ライターの私でも、あっさりプラス収支になるのが仮想通貨の底力。特に何もないところから通貨を生み出せるマイニングの魅力にすっかりとりつかれた私は、年甲斐もなくＰＣパーツを探して秋葉原を徘徊し、インターネットにかじりついて情報収集をし、夜な夜なマイニング機材をいじり倒していました。

そんな中で、運命としかいいようがない、ライキッシュ・ラジェンドラン氏との出会いがありました。もはやマイニングマニアと化していた私が、業界のしがらみで明かせないとあるルートからたどり着いた、知る人ぞ知る老舗マイニング企業の代表がラジェンドラン氏だったのです。仮想通貨の価格が落ち込んでいて、マイニングで収益が上げにくくなった２０１８～２０１９年の冬の時代も、しっかりプラス収支で乗り切っていたと聞き、ぜひそのコツを教えてほしいと頼み込んで紹介していただいたのです。

マレーシア国籍でしたが、日本語が堪能なラジェンドラン氏は、強引な私のオファーを快く受けてくださり、根掘り葉掘りのいやらしい質問にもほぼ全部答えていただきました。

ただ、このときの収穫は、マイニング成功の秘訣だけではありませんでした。それ以上に魅力的な「幕末スワップ」構想を聞くことができたのです。マイニングとＤＥＸ（分散型取引所）が連動した新しいＤｅＦｉサービスは、この世界を今よりずっと良くしてくれると確信したのです。あえていえば、条件付きのベーシックインカム（ベーシックインカムとは、所得や年齢に関係なく、全国民に現金を定期的に支給する政策のことです）。全員誰でもというわけではありませんが、簡単な三つのハードルをクリアすれば、不労所得を誰でも得られる可能性は十分にあります。

ラジェンドラン氏は日本の歴史にも造詣が深く、特に幕末から明治維新の時期が好きだそうです。それで、混迷の社会に一筋の光を当て、次の新時代へと導く存在として、幕末スワップと名付けたとか。

目次

第2章　ゼロから学ぶ仮想通貨

第3章

仮想通貨を保管するウォレットを作ろう！

第4章 仮想通貨運用の基礎知識

第5章 イーサリアムを購入してみよう！

第6章 実は難しくない！ 最新テクノロジー、DeFi、DEX

第7章 仮想通貨の根幹インフラ、マイニング

第8章 二つの重要インフラが融合!

第1章

お金の世界の令和維新

1-1

世界はものすごいスピードで変化している

テレワーク、どうでした？

地球規模のイベントであるオリンピックすら延期させた、新型コロナウイルス騒動。勤め人の方の中には、勤務先でテレワークが導入され、慣れない自宅勤務を今もされている方も多いと思います。もちろん、満員電車の通勤から解放されて内心ラッキーという方もいるでしょう。

どちらにせよ、社会人としての働き方が大きく変わり始めているのは間違いありません。テレワークの方が、オフィス賃料、水道光熱費、交通費が安くなるため、むしろ企業の利益率を押し上げる可能性があります。ただし、パソコン、スマートフォン、インターネット通信などを自分の力だけで一定水準以上利用できなければ、テレワークは成り立ちません。

また、会社に滞在していることで強みを発揮するタイプの勤め人も、一切評価されなくなります。どんな会議にも出席し、いろいろな飲み会にも顔を出し、各セクションと仲良くしているけど、いまいち何をやっているか分からない人っていませんか？　全員が出社することが前提の働き方なら、そういう人も組織には貢献していますが、テレワーク前提のワークフローになると、その人ができる仕事は激減してしまいます。

これは極端な例ですが、コロナという誰も予想していなかった疫病により、予想外の方向、予想外のスピードで社会や働き方が変わっています。大きな変化があるとき、対応できる人はより評価されて富み、対応できない人はより評価されなくなり貧することが、これまで繰り返されてきました。

18世紀から19世紀にかけての産業革命で、機械化されて効率化されていく社会において、自分の仕事が奪われると恐怖した手工業者、労働者たちが、工場の機械を次々に破壊したラッダイト運動が起こりました。しかしその打ち壊し運動があろうとなかろうと、テクノロジーの進歩が止まるわけではありません。

社会が進化していくのは必然で、それに対応できるかどうかが、その人の人生を大きく変えます。新型コロナウイルスは、社会が変化するスピードをより速めました。

老後2000万円問題に凍り付いた

2019年6月、金融庁の金融審議会「市場ワーキンググループ」が公表した報告書によれば、収入を年金のみに頼る無職夫婦二人が20〜30年間の老後を生きるためには、約2000万円の老後資金が必要になるとのことでした。この発表が「老後2000万円問題」としてセンセーショナルに報じられ、世間は騒然としました。

私もこのニュースを見たとき、2000万円という金額のインパクトにすっかりやられ、急激な将来の不安に襲われたものです。

この報告書自体をよく読むと、毎月にこれだけかかるという生活費に対して、夫婦の年金が5万円ほど足りないため、平均寿命まで生きた場合には2000万円程度不足するので、それくらいの貯蓄が必要という内容でした。月にかかるお金を少なくする、生活費の足しになる労働や投資をするなどの対策もあるため、あくまで試算の1パターンに過ぎなかったのです。

とはいえ、良くも悪くも将来のことを考えるきっかけになった方は、私を含め多かったはずです。今後年金の支給額が上がる可能性は低いですが、支給開始時期が遅くなっていく可能性は十分にあります。また医療費の負担割合も上がっていく可能性が高く、それでいて平均寿命は伸び続けています。戦前生まれ世代とは、老後の暮らし方や経済プランが全く違ってきているのは間違いないでしょう。

預貯金、年金とは違う、第三のお金の流れが必要です。

とっくに終身雇用は崩壊しているのに

２０１９年5月、トヨタ自動車の豊田章男社長が、会見の中で「終身雇用を守っていくのは難しい」というコメントをしたことが、大きなニュースになりました。日本を代表する大企業の社長が、戦後ずっと日本社会の基幹になってきた終身雇用を続けていけないと明言したのです。

終身雇用にはメリットもデメリットもありますが、超長期的な報酬の後払いという側面があります。終身雇用は年功序列とセットになることが多く、入社直後の若手社員はどれだけ会社に貢献しても給与は低く、企業に在籍するに従って昇給します。終身雇用の制度が生きていれば、この間によほどの悪事を働かない限り、解雇されることはありません。そして定年が近づいてくる年齢になって、給与は一番高くなります。

つまり、最初から最後まで会社にいることで、ようやく想定される報酬を全て得ることができるわけです。

もちろんこれは、最も典型的な終身雇用＋年功序列の例で、早期依願退職や年収が上がる転職などのケースももちろんあります。ただ一部の公務員では、いまだにこういったシステムが採用されていることを、実際に公務員の知人に聞いたことがあります。

このシステムにおいては、年収が上がる前に退職してしまうと、定年が近づいたタイミングでもらえたはずの高給をもらえないことになります。レールを外れずに完走することが最も経済効率が良いわけです。そしてその状態はもう保てないと判断する大企業が現れました。終身雇用がなければ、そもそも働き盛りの年代で失職する可能性もあるため、サラリーマンの人生設計への影響はとてつもなく大きいはず。

にもかかわらず、現代の社会システムの多くは、終身雇用を前提に設計されています。例えば住宅ローンは30年間以上雇用されて、一定額の給与をもらい続けるからこそ成り立つ仕組みです。年金もそうですね。会社を定年退職するタイミングを基準に、支給開始時期が決まっています。

つまり、終身雇用、そして年功序列の仕組みが完全に崩壊すると、既存の社会システムでは対応できない問題が必ず出てくるというわけです。

一つの企業で定年まで勤めあげられる保証がない以上は、会社の給与体系に依存しない収入源が欲しいところです。

1-2

お金の世界が急速に動きだした！

エルサルバドルが自国通貨にビットコインを採用

２０２１年６月、仮想通貨ファンが大騒ぎするニュースがありました。エルサルバドルという国のナジブ・ブケレ大統領が、代表的な仮想通貨であるビットコインを、米ドルと並ぶ自国通貨として採用する法案を国会に提出、それが可決されたことを発表しました。

エルサルバドルは、メキシコの南東あたりに位置し、人口はおよそ６６４万人です。小国といえますが、国連にも加盟しているれっきとした主権国家が、ビットコインを国の中で流通するお金にしようとしているのですから大変なことです。

これまでどちらかというと、各国政府は仮想通貨に対する警戒感を持っていたように感じます。自国通貨は、国家にとって金融政策の中心にあるものですから、自由に発行量や金利などをコントロールできなければいけません。ビットコインなどの仮想通貨は、簡単にいうと「偉い人が必要ない通貨」ですから、法定通貨（国が定めた通貨）を脅かす存在と思われても仕方ない部分がありました。

エルサルバドルはこれまで米ドルを自国通貨として使ってきましたが、なぜここにきてビットコインを米ドルと同じように扱おうと思ったのでしょうか。

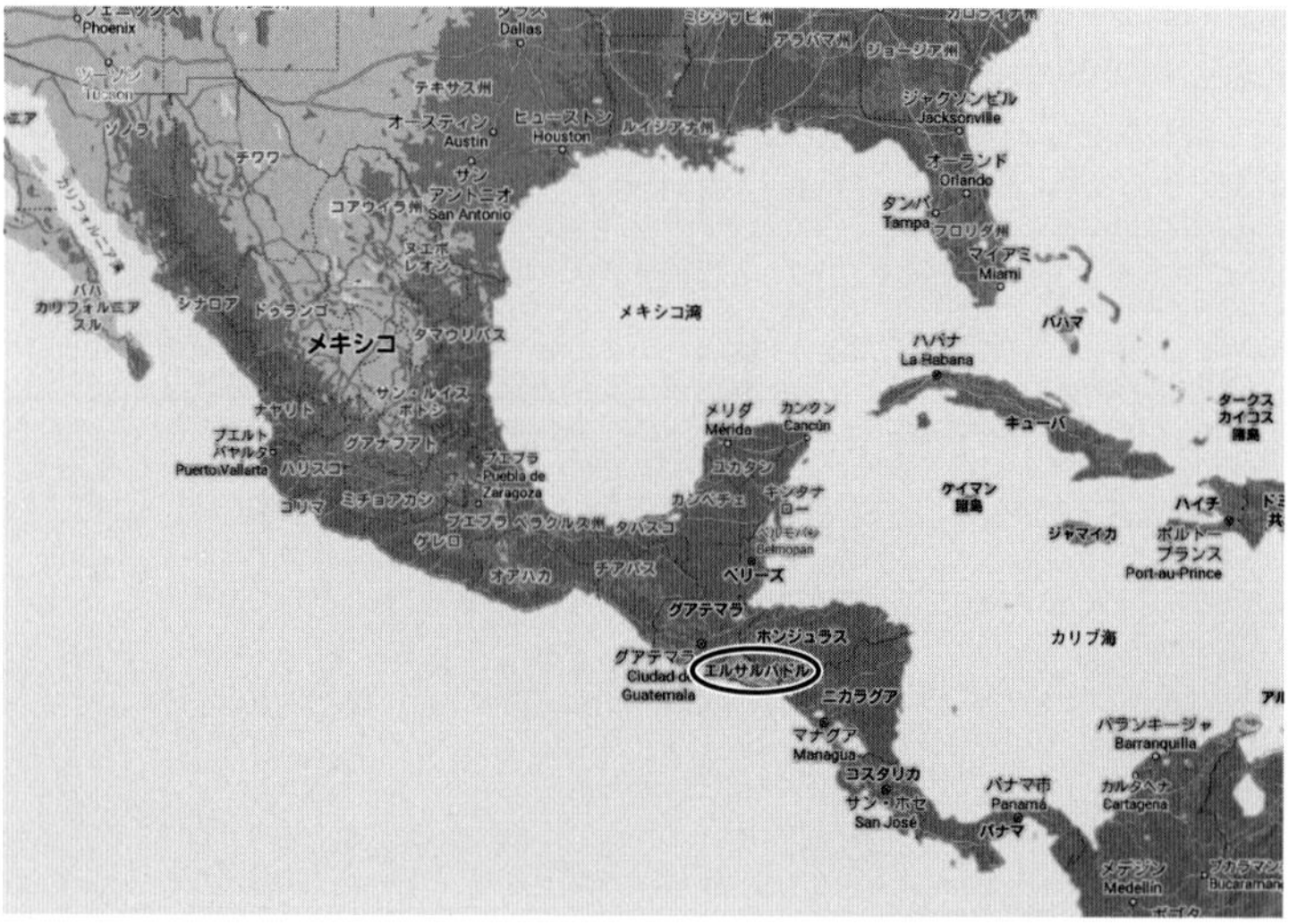

出典：https://www.google.co.jp/maps/

664万人のエルサルバドル国民のうち、約38％にあたる250万人が、米国で出稼ぎ労働をしています。この人たちが自分の給料を本国に送金することで、家族の生活が成り立っています。2020年の送金額はGDP（国内で生み出されたモノやサービス価値の総額）の約23％にも相当します。つまり、ものすごい大金が米国からエルサルバドル国内に流れ込んでいるわけです。

ところが海外送金は手数料が高いという問題があります。高い場合には10％ほどの手数料がかかるケースもあり、そうなるとお金を使う前から10％も目減りしてしまうわけで無駄な出費です。さらに、送金に何日もかかることも問題です。

加えて、国民の約70％が銀行の口座を持っていないので、お金を受け取るために銀行に出向かないといけません。また多額の現金を自宅に持ち帰るには、犯罪のリスクがつきまといます。

こういった各種問題は、ビットコインによる送金で解決されます。ビットコインを受け取るためにはスマートフォンさえ持っていれば問題ないですし、送金から着金まで何日もかかることはありません。もちろん手数料が10％もかかることはないですし、大金を持ち歩くリスクはなくなります。

ビットコインが世の中に登場した２０１０年ごろには、全く想像もつかなかった未来がやってきています。エルサルバドル同様の問題を抱えている国は他にもあるので、追従する国が次々に出てきても全くおかしくはありません。

現金を使う機会が減っていませんか？

国家、法定通貨のような大きな話ではなく、身近な話でも変化があります。

最近、現金をあまり使わなくなった方も多いのでは？　Ｓｕｉｃａ、ＩＣＯＣＡ、

PASMOといった交通系パスへの現金チャージは以前からありますが、PayPay、au PAY、楽天ペイなどのスマホ決済はここ数年で劇的に普及しました。これにクレジットカードが加わります。

他ならぬ私もポイントの亡者でして、クレジットカードに連動させたとあるスマホ決済でできるだけ支払いをすることで、ひたすらポイントを蓄積することに血道を上げています。その結果として、現金をあまり使わなくなりました。

以前は月に5回以上は、数万円単位で現金を下ろしていたものの、今は多くて2回程度に。喫茶店でコーヒーを飲んだり、コンビニでお弁当を買ったりする場合は、スマホ決済で事足ります。あまり現金を使わなくなったため、財布の中にほとんどお金が入っていない状態になかなか気付かないことすらあります。

私ほどではなくても、同じような状態になっている方は多いかと思います。身近なレベルでも、お金と私たちの関係は確実に変化し始めています。

1-3

新時代を戦い抜くための武器

三つの簡単な条件クリアで参加できる

世界は激烈に変化し、私たちとお金の関係も明らかに変わってきています。

時代が新しくなれば、そこに対応できるかどうかで、人生のクオリティは圧倒的に違ってきます。

明治に起きた維新が、令和でも明らかに始まっており、この激動の時代を戦い抜くための武器が必要です。

その可能性を秘める条件付きベーシックインカムが、ライキッシュ・ラジェンドラン氏の「幕末スワップ」ではないかと、私は考えています。

幕末スワップに参加するためには、以下の3種類が必要です。

①仮想通貨の基礎知識
②仮想通貨を保管するウォレット（電子財布）
③イーサリアムという仮想通貨

多くの読者の皆さんは、おそらくまだどれも持っていません。でも、この本を読み進めていくうちに、三つとも揃います。投資も、仮想通貨も、一切触ったことがない人でも全体像が分かるよう、できるだけ易しく、そしてあえてフワッと書いていきますので、体力に余裕があるときに一気読みしていただけると良いかと思います。

新しいお金の世界に貢献しつつ、実質的な金利収入

本の後半でガッツリと幕末スワップについて解説しますが、ここではモチベーションを上げるために概要をサラリと。

幕末スワップを一言でいうと、

「新たなお金の仕組みを動かす一員となった見返りに、売買益と実質的な金利収入を期待できる」

という仕組みです。

新たなお金の仕組みこそ令和のクリプト維新であり、それを推し進める皆さんはさ

ながら幕末の志士です。

特に注目していただきたいのは、実質的な金利収入を得られる点。今は銀行にお金を預けても、引き出し手数料が金利収入を上回るほどの低金利時代です。ですが、幕末スワップなら、流動性に貢献するべく仮想通貨を預けるだけで、年間数十%程度のリターンが期待できます。

私はこの幕末スワップを、条件付きベーシックインカムだと解釈しています。何もしなくても、誰でもという意味では、本当のベーシックインカムではありませんが、ほぼ誰でもクリアできる条件を満たせば、年齢や性別にかかわらず長期にわたって定期的な収入が得られます。

ただこれを聞くだけでも、今までにあったお金の仕組みとは、ぜんぜん違うものであることが分かりますよね。

でも焦らないでください。まずは次の章で、仮想通貨の基礎知識をしっかりと身に付けてください。まだ十分間に合います。

第2章

ゼロから学ぶ仮想通貨

2-1

仮想通貨に人々が大いに期待する理由

全く新しい仕組みの土台になる

ここからは、幕末スワップの土台になる仮想通貨について、ベーシックな知識を一通り解説していきます。

仮想通貨の仕組みは段階的に解説していきますが、簡単にいえばインターネット上のお金です。でも、お札や硬貨のような実物は存在しません。

いってしまえば、ただのデータなわけで、なぜこんなにもこのデジタルマネーが注目されているのでしょうか。それは、仮想通貨が新しい仕組みや新しいサービスの土台になるからです。既に解説した、エルサルバドルが法定通貨として利用することもその一種ですね。

個人同士でお金をやり取りするのはもちろんのこと、ゲーム内と現実をまたいだ通貨として利用できたり、人の手を介さない無人で動く通貨の取引所を作れたり（これが幕末スワップです）、本来はコピーし放題のデジタルコンテンツ（映像、画像、ファイルなど）に対して、固有のものであるという証明を付与したりと、その可能性は無限大です。

実際に驚異的な数の億り人が出ている！

２０１７年ごろ、仮想通貨の価値上昇に乗って莫大な売買益を得る人が続出し、彼らはインターネット上を中心に「億り人」と呼ばれるようになりました。資産を1億円以上持っている人、投資で1億円以上稼いだ人という意味合いで、類義語として10億円トレーダーを表す「自由億」があります。

国税庁によると、２０１７年に仮想通貨取引の所得が1億円以上だったと申告した人は３３１人でした。３００人以上が1億円以上稼いだだけで十分すごいのですけど、実際は億り人はもっとたくさんいたのではないかと思われます。

まず、当時は仮想通貨の法整備が全く追いついておらず、ＦＸや株式のように年間の損益を簡単に把握する方法がありませんでした。複数の取引所をまたいで取引をしたら勝ち負けの金額計算は途端に難しくなりますし、これに海外取引所のトレードが絡んでくるとさらに困難になります。というわけで、確定申告しようにも金額計算すらできずに、無申告にした人が一定割合いると思われます。

また、２０１７年の仮想通貨バブルに乗って利益を得たものの、まだ利益確定をしていない、つまりそのままホールドしている人もそれなりにいるはずです。仮想通貨に限らず、どんな投資でも決済注文をして売買が確定したとき、発生した利益が課税の対象になります。買ったまま持ちっぱなしなら、それはまだ売買結果が確定していないので、どれだけ途中経過で儲かっていても利益とは見なされません。

当時は仮想通貨の儲けで出た税金を払わなかったため、脱税で摘発されるニュースもいくつかありました。もちろん納税しないことはいけないことですが、これはポジティブなニュースでもあります。なぜなら、古今東西、脱税するのは圧倒的に儲けた人だけです。儲けすぎるから税額も多くなり、その結果として脱税という過ちを犯します。そして脱税額が大きいからニュースになります。億り人の脱税が報じられるのは、仮想通貨のケタ違いの収益性を示す面でもあるわけです。

継続的な価値上昇の期待大！

正直なところ、仮想通貨の価格が今後も上昇していくか、もう頭打ちなのかは、誰にも分かりません。ただ、「今後も上昇してもおかしくない理由」はあります。

まず仮想通貨の王様、ビットコインの特性に軽く触れておきます。ビットコインは一番初めにこの世に登場した仮想通貨であり、今もなお最も影響が大きい仮想通貨です。

ビットコインは設計段階で最大発行量が2100万枚と定められています。つまり、2100万ビットコインが発行されたら、それ以上は新規にビットコインが生まれ、世界に流通する可能性がありません。有限ということです。

これが円や米ドルなど、法定通貨との大きな違いです。ある時期まで、円や米ドルの発行上限は各国が保有している金（ゴールド）の量に紐付けられていましたが、現在はそのルールは撤廃され、実質的に無限にお金を刷ることができます。日本や米国やユーロが、自国通貨をゼロから生み出しまくって、今や世界中にお金はあふれかえっています。

地球上に存在している量に限度がある金とビットコインは、この点においては同じように語られます。上限が決まっているため、今あるものの価値は下がりにくく、上がり続ける期待がある、ということです。実際、金の価格は有史以来ずっと上がり続けています。

他にもビットコインの価格が上がり続ける要素があります。それは半減期です。ビットコインはほぼ4年に1回、マイニング報酬が半分になる「半減期」というイベントがあります。マイニングについては後で詳しく解説しますが、ビットコインの送金が正しいかどうかを検証する作業に参加して、その見返りにビットコインをもらうことです。

この報酬が4年に一度半分になるのですが、そのタイミング前後でビットコインの価格もこれまで上昇してきました。4年サイクルで価格上昇の波が来るわけです。前々回の半減期は2016年で、2017年に大きな上昇がありました。前回の半減期は2020年で、2021年にも高騰していることは仮想通貨を追っている方なら既にご存じかと思います。

このサイクルが続く限り、上がったり下がったりの波を描きつつも、ビットコイン、ひいては仮想通貨全体が上昇のカーブを保つと考えられます。

さらに、ＥＴＦ（上場されていて取引できる投資信託）にも、ビットコインを対象にしたものが今後増えていく可能性があります。ＥＴＦ銘柄になれば、取引が活発になると共に、仮想通貨自体の信用が上がることにつながります。これもまた、仮想通貨の成長につながる要素といえます。

2-2

歴史で紐解く仮想通貨の過去と現在、未来

サトシ・ナカモトとビットコインの誕生

ビットコインを世界に生み出したのは、どうやら日本人かもしれないというのは有名な話です。サトシ・ナカモトと名乗る人物により、２００８年10月31日に暗号理論に関するメーリングリストに投稿された論文が全ての始まりです。次のページの上段の画像は論文の1ページ目で、タイトルの下に「Satoshi Nakamoto」という名前があるのが確認できます。

ただしこの人物、実は誰なのかよく分かっていません。この論文の他、暗号理論に関するメーリングリストに集中的に情報が投稿されていますが、それ以上の本人に関する情報は不明です。つまり、日本人風の名前なので、ビットコインの開発者は日本

Bitcoin: A Peer-to-Peer Electronic Cash System

Satoshi Nakamoto
satoshin@gmx.com
www.bitcoin.org

Abstract. A purely peer-to-peer version of electronic cash would allow online payments to be sent directly from one party to another without going through a financial institution. Digital signatures provide part of the solution, but the main benefits are lost if a trusted third party is still required to prevent double-spending. We propose a solution to the double-spending problem using a peer-to-peer network. The network timestamps transactions by hashing them into an ongoing chain of hash-based proof-of-work, forming a record that cannot be changed without redoing the proof-of-work. The longest chain not only serves as proof of the sequence of events witnessed, but proof that it came from the largest pool of CPU power. As long as a majority of CPU power is controlled by nodes that are not cooperating to attack the network, they'll generate the longest chain and outpace attackers. The network itself requires minimal structure. Messages are broadcast on a best effort basis, and nodes can leave and rejoin the network at will, accepting the longest proof-of-work chain as proof of what happened while they were gone.

出典：https://bitcoin.org/bitcoin.pdf

Bitcoin P2P e-cash paper
2008-11-01 | Thread | Satoshi Nakamoto

, and nodes can leave and rejoin the network at will, accepting the longest proof-of-work chain as proof of what happened while they were gone. Full paper at: http://www.bitcoin.org/bitcoin.pdf Satoshi Nakamoto - The Cryptography

Re: Bitcoin P2P e-cash paper
2008-11-02 | Thread | Satoshi Nakamoto

Satoshi Nakamoto wrote: I've been working on a new electronic cash system that's fully peer-to-peer, with no trusted third party. The paper is available at: http://www.bitcoin.org/bitcoin.pdf We very, very much need such a system, but the way I understand your proposal, it does not seem

Re: Bitcoin P2P e-cash paper
2008-11-03 | Thread | Satoshi Nakamoto

. The Bitcoin network might actually reduce spam by diverting zombie farms to generating bitcoins instead. Satoshi Nakamoto - The Cryptography Mailing List Unsubscribe by sending unsubscribe cryptography to

Re: Bitcoin P2P e-cash paper
2008-11-07 | Thread | Satoshi Nakamoto

[Lengthy exposition of vulnerability of a systm to use-of-force monopolies ellided.] You will not find a solution to political problems in cryptography. Yes, but we can win a major battle in the arms race and gain a new territory of freedom for several years. Governments are good at cutting

Re: Bitcoin P2P e-cash paper
2008-11-08 | Thread | Satoshi Nakamoto

, and a constant rate seems like the best formula. Satoshi Nakamoto - The Cryptography Mailing List Unsubscribe by sending unsubscribe cryptography to

Re: Bitcoin P2P e-cash paper
2008-11-09 | Thread | Satoshi Nakamoto

think I will be able to release the code sooner than I could write a detailed spec. You're already right about most of your assumptions where you filled in the blanks. Satoshi Nakamoto - The Cryptography Mailing List

The **Mail** Archive

18 matches

Advanced search
from:"Satoshi Nakamoto"

The Mail Archive home
cryptography - all messages
cryptography - about the list
Expand

出典：https://www.mail-archive.com/search?l=cryptography@metzdowd.com&q=from:%22Satoshi+Nakamoto%22

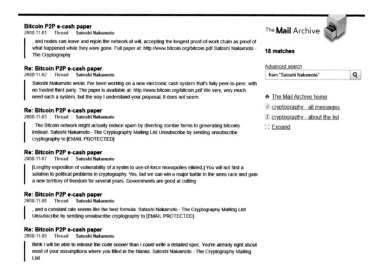

人かもしれない、というのが現状なのです。また、サトシ・ナカモトは個人ではなく、暗号や通貨などを研究しているグループによる情報発信だったのかもしれません。

どちらにせよこの論文から、世界が大きく動き出したことは間違いありません。仮想通貨第1号であるビットコインは、サトシ・ナカモトの思想が色濃く反映されています。

右のページの下段の画像は、サトシ・ナカモトによるメーリングリストの文章です。2008年11月に連日投稿されていることが確認できます。

ビットコイン黎明期とマウントゴックス事件

ビットコインが世の中に登場してからしばらくは、大きな注目を集めることはなく、ゲームのポイントのような扱いだったり、投げ銭として使われたりするにとどまっていました。

　ビットコインが通貨として初めて扱われた記録が残っているのは、２０１０年5月22日。歴史上初めて、買い物にビットコインが使われました。商品はピザ２枚。価格は1万ビットコインです。現在の価格なら、ピザ2枚が数百億円で取引されたことになります。今では5月22日は、「ビットコイン・ピザの日」という記念日的な扱いになっているのが面白いですね。

　このように、当初のビットコインは変わった人の変わった趣味のような位置付けに過ぎませんでしたが、次第にその価値を

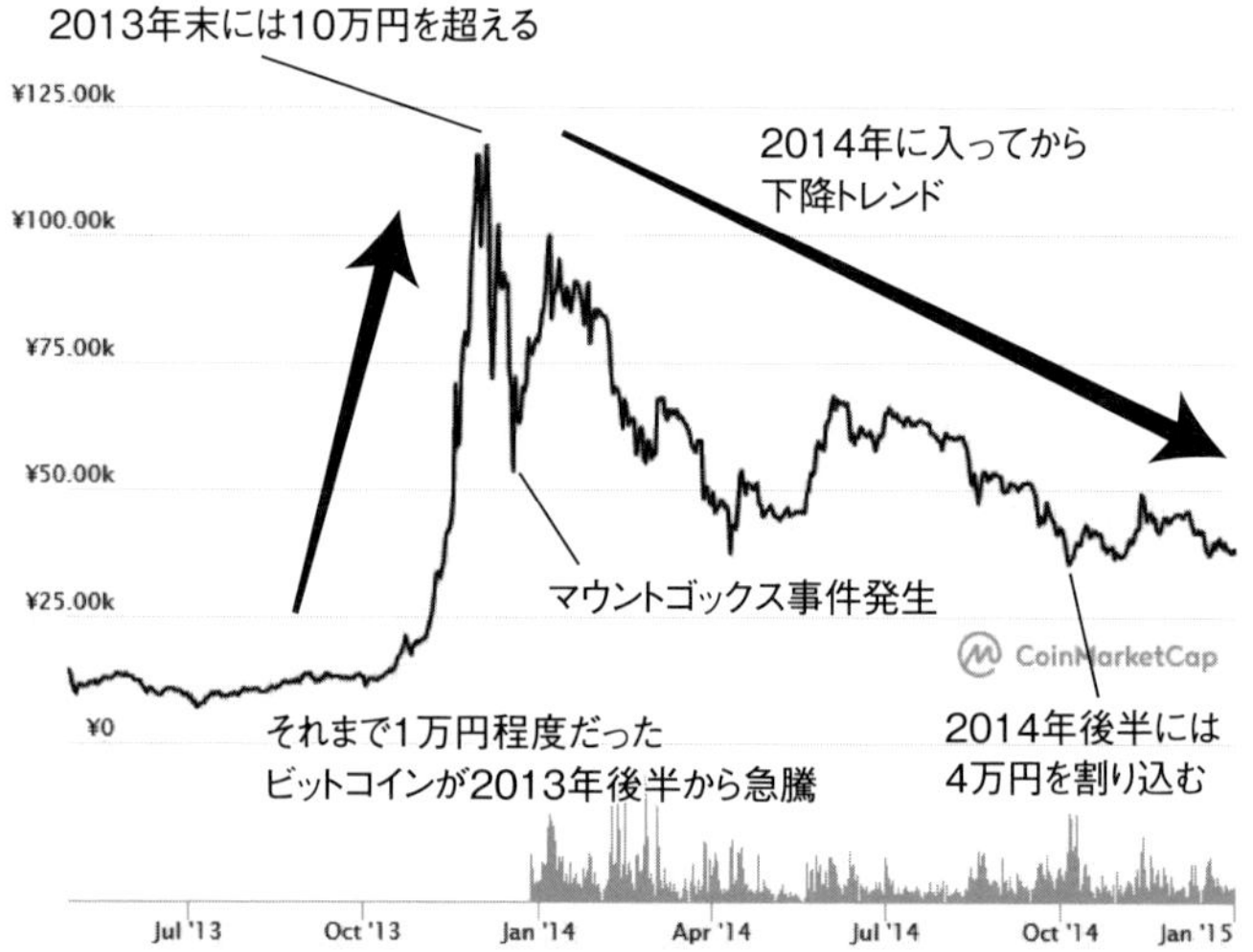
2013年末には10万円を超える
¥125.00k
¥100.00k
¥75.00k
¥50.00k
¥25.00k
¥0
2014年に入ってから
下降トレンド
マウントゴックス事件発生
CoinMarketCap
それまで1万円程度だった
ビットコインが2013年後半から急騰
2014年後半には
4万円を割り込む
Jul '13
Oct '13
Jan '14
Apr '14
Jul '14
Oct '14
Jan '15

出典：https://coinmarketcap.com/

理解する人が増えていき、通貨として、資産としての価値が出始めます。

右のページのチャート画像で、それまで1万円程度で推移したビットコインが、2013年末には10万円程度まで急上昇していることが確認できます。この当時は後述するマウントゴックスをはじめとして、いくつかのビットコイン取引所が稼働しており、取引の対象として見なされ始めていた時期といえます。

ところがこのチャート、2014年になってから風向きが変わり、ビットコインの急落が止まりません。2014年後半には、4万円を割り込むところまで下落してしまいました。

このときに発生したのが「マウントゴックス事件」です。東京にあったビットコインの交換所、マウントゴックスで大量のビットコイン流出事件が発生したのです。当時のレートで500億円近くのとてつもない被害額です。2014年2月28日には民事再生法が適用されました。

当時マウントゴックスは世界最大規模のビットコイン取引所で、そのシェアは7〜8割にも達していたといわれます。CEOのマルク・カルプレス氏はこの事件に関連して起訴され、最終的に2021年1月に懲役2年6か月、執行猶予4年の有罪判決が確定しています。

世界最大のビットコイン取引所内の資産が失われ、さらに社長が逮捕されたわけで、そのインパクトはかなりのものでした。ネガティブなイメージが先行したものの、この事件を機にビットコインの知名度は跳ね上がります。

なお、何者かに仮想通貨を盗まれることを「ゴックスする」と表現するのは、もちろんこの事件が由来です。自分のミスにより、仮想通貨を失ってしまうことを「セルフゴックスする」と呼ぶのも同様です。

世界が仮想通貨に注目した2017年の急成長

マウントゴックス事件以後、ビットコインの価格はしばらく10万円未満に低迷していましたが、再び上昇のカーブを描き始めるのは2017年です。FXや株など他の金融商品ではまずお目にかかれないような上昇トレンドが発生し、2018年の1月には1BTC（ビットコイン1単位）が200万円を突破。

この2017年バブルに前後して、国内の多くの仮想通貨取引所がオープンし、テレビCMなども放映され、ビットコインや仮想通貨の存在が一気に身近になりました。

最初のバブルともいえる2013年と比較して、ビットコインは20倍以上の上昇をしましたが、それ以上にアルトコインと呼ばれるビットコイン以外の仮想通貨が急成長。イーサリアムやリップルといった、有力なアルトコインにも人気が集まりました。

ただ急激に成長する仮想通貨市場に対して、国内の取引環境が追いついていなかったのも事実。口座開設の申込みから取引開始できるまで、数週間かかることもありました。これがＦＸなら、遅くとも数日以内にはトレードができるわけですから、あり得ない遅さですよね。

また、価格が大きく動いて投資家の注文が殺到することで取引所の処理能力を超えてしまい、何回ボタンを押しても成行注文が約定（注文の成立）しないなんてこともよくありました。それで、諦めて寝て、翌朝に取引画面を見てみたら、寝る前の価格

¥2.50m
¥2.00m
¥1.50m
¥1.00m
¥500.00k
¥0
2017年末には凄まじい上昇で
1BTCは200万円を超える
2018年に入ってから
明確な下降トレンドに
2017年の夏ごろから
急激な上昇を始める
CoinMarketCap
コインチェック事件発生
2017年前半までのビットコインは
10万円程度で推移
Jan '16
Jul '16
Jan '17
Jul '17
Jan '18
Jul '18

出典：https://coinmarketcap.com/

とかけ離れた価格で今さら約定していて、それだけで大損ということも。これまたFXや株ではまずあり得ないことです。

ここまでのトラブルも十分まずいですが、それ以上にまずい事件がこの時期に起きます。それは仮想通貨取引所へのハッキングによる仮想通貨の流出です。特に規模が大きいのが2018年1月のコインチェック、2018年9月のZaifの事件で、前者は約580億円、後者は約70億円の仮想通貨を盗み取られています。

ここまで聞くと、前述のマウントゴックス事件と似ているように見えますが、この時期の盗難事件は完全に外部の犯行であることが特徴的です。マウントゴックス事件は社長が有罪になっているように、内部の人間にも落ち度があったという解釈も可能ですが、コインチェックもZaifも、間違いなくハッキングによる被害で、なおかつ犯人は目星もついていません。

コインチェック事件などは、2017~2018年仮想通貨バブルの価格ピーク時に発生しており、P50のチャートで見てはっきり分かる暴落の一因になったことは間違いないでしょう。仮想通貨の魅力と共に、危なっかしさを世間が再認識したという結果になってしまいました。

なお、この時期の仮想通貨界隈では、マイニングが市民権を得ました。保有して価格上昇を待つ売買とは別に、高速で計算するマシンを購入、あるいは自作して、仮想通貨を自ら生み出すことに取り組む人が急増したのです（私もその一人）。

仮想通貨は次のステージへ！　2021年の急騰

2017~2018年のビットコイン、仮想通貨は、驚異的な勢いで上昇したものの、コインチェック事件などネガティブなニュースもあって、天井をつけてからは猛烈な勢いで下落していきました。

このとき、参加者の中には「仮想通貨なんてしょせん価値のないもので、バブルが崩壊したら無価値ではないか」という思いで、界隈から去った人も多かったのではないでしょうか。

実際、ビットコインの価格は、２０１９年と２０２０年に40万円付近まで下落しており、かつての勢いは全く見られませんでした。しかし、この暴落が絶好の買い場だったのだから相場は面白いです。

２０２０年の秋からビットコインはまたも急上昇を開始し、２０１７年につけた２

¥7.50m
¥6.00m
¥4.50m
¥3.00m
¥1.50m
¥0
2017年の高値を突破し、
ビットコイン価格は
600万円を突破
2017年バブルの天井
CoinMarketCap
2019年、2020年にはビットコイン価格が
一時的に40万円台になったことも
2014
2015
2016
2017
2018
2019
2020
2021

出典：https://coinmarketcap.com/

00万円台の高値を軽くブチ破り、600万円台まで急騰。チャートで見ると、過去の最高値が単なる通過点だったことが、結果的にですがよく分かります。

それではなぜ、2020～2021年バブルが発生したのでしょうか。

まず考えられるのは、新型コロナウイルス騒動と、それに伴う大胆な金融緩和です。金融緩和とは、平たくいうと政府が景気の悪化、株価の下落を防ぐために、国民にお金をばらまき、自ら株を買いまくる状態のこと。日本でも給付金が国民全員に配られたことは記憶に新しいですよね。

それで、いきなり臨時収入を得た人はどうするか。もちろん生活するためにこのお金を使った人が多いのでしょうが、多少余裕があるからとそのお金で投資にチャレンジした人も多かったのです。そうでなくても、自粛期間は家にいる時間が長かったので、新しいことを始めるためのきっかけになった人も多かったでしょう。

こういった経緯でいろいろな金融市場にお金が流れ込む中で、仮想通貨に向かった資産も多くありました。現金が大量にばらまかれるということは、だぶついた現金の価値が下がり、ビットコインなどの金融商品の価値が相対的に上がることになります。

またこの時期は、仮想通貨全体の性能が著しくアップしたことが、その魅力を底上げする結果になりました。本の後半で詳しく解説しますが、仮想通貨が誕生したときはその名前の通り、通貨としての機能が与えられていました。中央に管理者を置かず、自動で動き続ける仕組みの中で保有者同士が直接お金のやり取りをできます。

この状態からさらなる進歩があり、管理者が常駐しない形で仮想通貨などが取引できる分散型金融（ＤｅＦｉ）、分散型取引所（ＤＥＸ）という存在がにわかにクローズアップされています。単一の通貨のやり取りから、いろいろな通貨を交換できる取引所が続々と誕生することで、仮想通貨とそれを取り巻く環境は大いにパワーアップしたのです。

2022年以降の仮想通貨はどうなる？

この本を書いている2021年の夏時点では、ビットコインは最高値である700万円から調整的な下落を経たところです。ここからの短期的な見通しは難しいですし、こういった本に書く内容ではありません。

ただ、先述した4年周期がまだ続くのであれば、2021年末〜2022年前半くらいまでは、ビットコインをはじめとした仮想通貨の高値推移が続く期待があります。そして、2022年、2023年には停滞しても、2024年、2025年にもう一度上昇トレンドに突入する可能性は十分にあり、そうなればついにビットコインが1000万円台に乗る未来も描けなくはありません。

DeFi、DEXのさらなる発展拡大、海外送金を仮想通貨が担うようになる、エルサルバドルのように法定通貨として採用する国が増えるなど、他にも仮想通貨の価値を高める可能性の種はいくらでもあります。

そして何より、ほんの10年前までは、国家が自国通貨にビットコインを採用することなどとても考えられませんでした。想像の何歩も先をいくような新しい発想が出てくることで、仮想通貨の価値は上がっていくはずですし、そういう発想が出る余地はたくさんあるでしょう。つまり、仮想通貨の未来はきっと明るいはずです。

2-3

仮想通貨は米ドルや円とは何が違うのか

誰が発行しているのか

誕生からここまで、仮想通貨の歴史をザッと見てきたところで、次は仮想通貨がどういう存在であるかを、法定通貨と比較することで理解していきましょう。仮想通貨が生み出す新しい未来に適応するために、知っておくべきベーシックな情報をまとめました。

まず、「発行主体」について考えてみましょう。米ドルや円、ビットコイン、イーサリアムなどは、誰が発行しているのでしょうか。

米ドルや円といった法定通貨の場合、国家のみが発行する権利を持ちます。個人が勝手に米ドルや円の紙幣を印刷すれば、当然ながら犯罪として裁かれます。

それに対して、ほとんどの仮想通貨は誰でも自由に発行することができます。仮想通貨とは、いってしまえば公開されているプログラムで、マイニングという取引の承認作業に参加して報酬を得ることも、プログラム内容を参照したりコピーしたりして、新しい仮想通貨を創出することも自由です。

最初に登場した最大規模の仮想通貨であるビットコインも、サトシ・ナカモトなる正体不明の人物が提唱したプログラムが今も動き続けているだけにすぎません。

ところで、なぜ法定通貨や仮想通貨に価値があるのでしょうか。例えば1万円札はただの紙ですし、仮想通貨はただの公開プログラムです。

まず法定通貨が価値を保っているのは、国や国民に信頼があるからです。日本国の通貨である円は、全世界的に見ても屈指の安全通貨といわれています。通貨同士を交換するＦＸの相場では、何か世界的な事件があるとき、リスクが高い通貨は嫌われ、日本円、それとスイスフランのような安全通貨が買い求められます。これは日本やスイスという国が信頼されていることと大いに関係があります。

例えば、２０１１年3月の東日本大震災により東日本を中心に甚大な被害があったときも、日本円は買われ続けて極端な円高になりました。経済大国である日本が大ダメージを受けることで、世界全体がリスクを避ける動きになった結果、とてつもない地震の被害があった日本の円が人気になったのです。

このように、世界の国々が発行している法定通貨は、程度の違いはあれど国が認めているからこその信頼性を備えています。だからこそ、紙切れが食料などの商品と交換できるわけです。

それでは仮想通貨はどうでしょうか。もちろん国家による裏付けはありません。さらに、開発者が誰であるかよく分からない仮想通貨もたくさんあります。にもかかわらず、これまで紹介してきた三度のバブル相場を経て、かつてほとんど無価値だったビットコインは一時700万円の値がつきました。

これは仮想通貨が持つ機能や将来性を、人々が評価しているからと筆者は考えます。そうでなければ、電子データがここまでの価格になることはあり得ないでしょう。

つまり、法定通貨と仮想通貨は、存在としては同じ通貨であり、お互いに価値を持ちますが、その土台は全く異なるといえます。

総発行量の決定的な違い

法定通貨は、各国政府が金融政策を目的に発行量、流通量をコントロールしています。景気が良すぎれば物価が上がりすぎてしまうため、世の中に出回るお金の量を減らして、行き過ぎた経済活動を抑制しようとします。逆に景気が悪いときには、通貨発行量を増やして経済を刺激しようとします。

このように、あえていえば「国の都合」により、米ドルや円の量が増えたり、減ったりしますし、最大発行量には実質的に制限がありません。

それに対して仮想通貨は、多くの場合は発行上限が決まっており、おおむね一定のペースで発行されていきます。ビットコインなら上限は２１００万枚、10分に１回のペースで生み出されます。なお、最初から全ての通貨が発行済みである仮想通貨も存在します。

この発行量に関しては、法定通貨と仮想通貨では大きな違いがあることを覚えておきましょう。

過去の取引記録は見られる？

米ドルや円がどのようにやり取りされてきたかは、銀行などの取引口座の履歴以外で確かめる術はありません。現金での支払いの記録は当然残りません。こう考えると、法定通貨の取引というのは非常に秘匿性が高いといえます。脱税が頻繁に起きるのも道理というわけです。

それでは、仮想通貨はどうでしょうか。ビットコインの取引には、ブロックチェーンというこの後も出てくる技術が使われています。というか、ブロックチェーンがビットコインそのものです。

ブロックチェーンとは、ビットコインがこの世に誕生してから現在までの、全ての取引の記録を格納した箱（ブロック）を、鎖（チェーン）のように順番につなげたもので、その中身をチェックすることで、過去の全取引を確認することができます。

ブロック生成時に、格納される取引の結果が正しいかを検証するために、世界中の有志がパソコンを用いて行う計算作業がマイニングです。

法定通貨と仮想通貨では、取引記録の公正さについては、全く違う発想での設計になっています。

匿名性について

取引記録から見ると、法定通貨は匿名性が高く、仮想通貨は低いようにも感じられますが、これはまた別の問題です。

法定通貨をキープするための預貯金口座、それとＦＸや株などの取引口座は、本人が証明される形でないと作ることができません。財布の中に入っている金額やタンス貯金額は本人しか分かりませんが、給与や資産運用の金額に偽りはなく、これにマイナンバーが紐付きます。

もちろん他人に預貯金額をいきなり知られることはありませんが、本人に紐付く形でしっかりと記録されているのが、法定通貨の資産額なのです。

これに対してビットコインなどの仮想通貨は、既に述べた通り取引の全記録を誰もが参照することができます。

こう聞くと匿名性がないように思えますが、仮想通貨をキープするための財布（ウォレット）は、本名や個人情報と全く紐付きません。インターネット上のＩＤやパスワードだけで使えます。つまり、どのウォレットがいくらやり取りをしたかは分かりますが、それが誰のものであるかは分かりません。

コインチェックやZａｉｆのハッキング事件で、犯人が捕まらない理由もここにあります。盗難された仮想通貨がどのウォレットに運ばれたかは分かっても、それが誰のものなのか突き止めることは困難だからです。

新規発行のメカニズム

日本や米国が、現状で新しい法定通貨を発行することは考えられません。天地を揺るがす革命レベルの大事件が起きない限り、米ドルや円の地位は安泰で、それは法定通貨が国家に紐付いているからです。

それと比べると、仮想通貨は誰でも今すぐに発行することができます。ビットコインを発行したサトシ・ナカモトなる人物も、おそらくは一人の民間人に過ぎません。

多くの仮想通貨は、プログラムが公開されているため、オリジナルをベースに類似したものが誕生したケースが多くあります。ライトコイン、ドージコインなどは、ビットコインのプログラム内容をマイナーチェンジしたものです。

このように仮想通貨は、ある意味「作ったもの勝ち」な面があり、世界にどれだけの数の仮想通貨が存在しているのかも分かりません。少なくとも1万種類の仮想通貨が存在していることは間違いないです。

そしてほぼ全ての仮想通貨は、取引が少なく価値も低いです。発行されていて、誰でも利用できる状態にあっても、信用のない通貨を利用する人はほぼいないためです。これが法定通貨との大きな違いで、米ドルや円は国という後ろ盾があるからこそ、人々が信用して利用します。実質的に法定通貨との交換が可能なのは、ビットコイン、イーサリアムといった人気上位の仮想通貨のみです。

どうやって保管する?

法定通貨には実体があり、仮想通貨には実体がありません。日本円を保有していれば、いつでもお札や硬貨に交換でき、実体をその手に取ることができます。対して仮想通貨はデータとして存在するだけですから、実物はこの世に存在しません。

そんな仮想通貨を保管するには、ウォレットというインターネット上に存在する財布を使うことになるのは既に解説した通りです。仮想通貨を人にあげたり、取引所に送ったり、買い物をするときに使う際には、ウォレットからウォレットへと仮想通貨が移動した扱いになります。

仮想通貨を保有し、また資産運用にチャレンジするためには、必ずウォレットを持つ必要があるのですが、作成する手順は非常に簡単です。流れは3章で分かりやすく解説します。

通貨が増えるマイニングの仕組み

当たり前すぎていうまでもありませんが、法定通貨を勝手に作ったら罪に問われます。紙幣の印刷、硬貨の鋳造を個人がしてはいけません。つまりお金がもっと欲しければ、労働や投資をするなどして、何らかの方法でお金を誰かから受け取る必要があります。

なぜこんな当然のことを書いたかというと、仮想通貨には自分でお金を増やす方法があるからです。それがマイニングです。

マイニングをするためには、対応したコンピュータの購入費用や電気代などがかかるため、もちろんタダというわけではありません。ただ、こういったコストをかけることで、仮想通貨をゼロから生み出すことができます。このマイニングこそ、法定通貨と最も違う点の一つといえます。

マイニングについては、7章でしっかり解説します。

2-4

仮想通貨の中核、ブロックチェーンという技術

P2Pをまずは理解しよう

ビットコインなどの仮想通貨のデータは、ブロックチェーンという技術で最初から現在までの全記録が保存されていることは既に勉強しました。ここでは、ブロックチェーンについてもう少しだけ掘り下げていきます。

まず、ブロックチェーンを成り立たせる上で欠かせない、ピア・ツー・ピア（P2P）について解説します。P2Pは、仮想通貨の根幹となる技術で、これをフワッとでも理解できると、仮想通貨自体の理解が一気に深まると思います。

P2Pは、参加者同士が直接つながる仕組みのことなのですが、これを理解するた

めに対義語的存在であるサーバー・クライアント方式の解説をします。

ほぼ全てのインターネットサービスでは、下の図のようなサーバー・クライアント方式が採用されています。中心になるサーバーに全ての機能と情報が集約されていて、利用者（クライアント）はそこにアクセスすることで各機能を利用できます。逆にクライアントの権限や機能は限定的で、サービスを利用する以外のことはほとんどできませんせん。また必要でない情報は保存されません。

この仕組みの場合、中央のサーバーが何

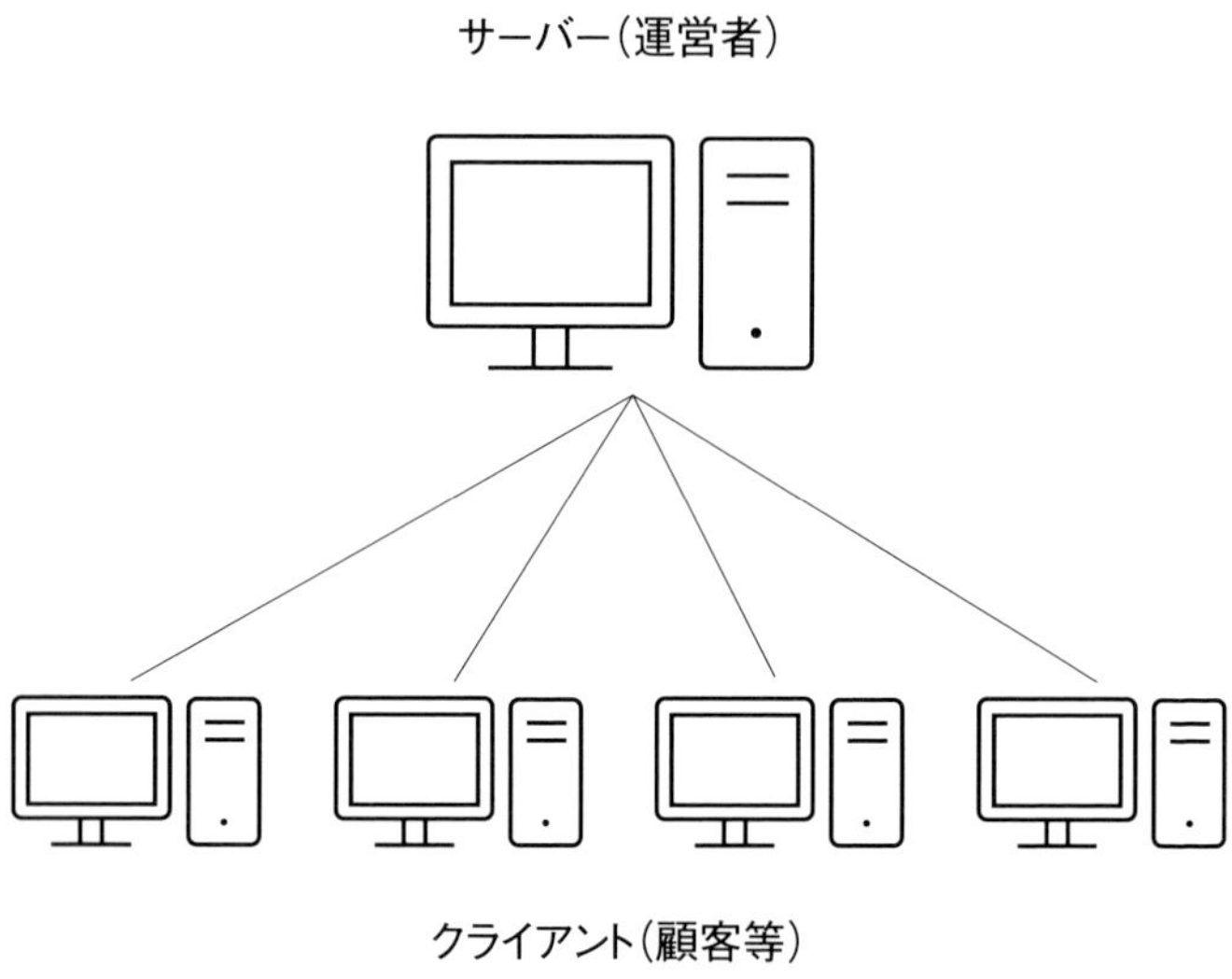

らかの原因で動かなくなれば、サービス全体が停止します。インターネット上のサービスでサーバーがダウンし、全機能が使えなくなるのはこのケースです。

Ｐ２Ｐは、全ての参加者が対等である方式です。下の図のように参加者同士が相互につながり、全情報を共有し、権限などに上下関係はありません。

ビットコインなど多くの仮想通貨はこの方式を採用していますが、Ｐ２Ｐ自体は仮想通貨が誕生する前の２０００年代前半から存在していました。

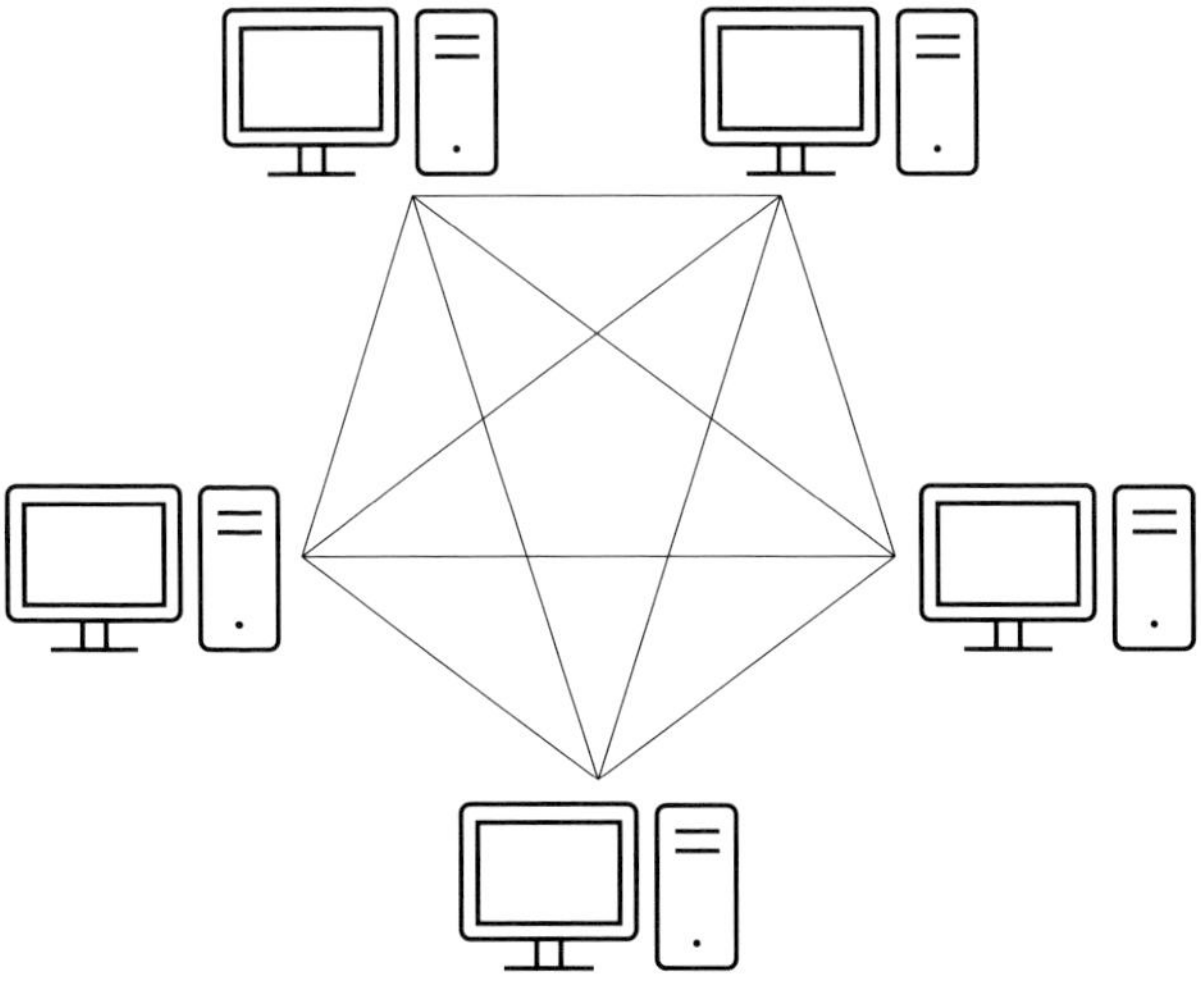

ずばり、メリットとデメリットは？

それではP2Pにはどのようなメリット、そしてデメリットがあるのでしょうか。

まずメリットですが、以下が考えられます。

①中心になるサーバーに障害が起きても機能が止まらない
②絶対的な権力者がいない
③システム変更を参加者のコミュニティで決められる

日本の銀行などにシステム障害が起きて、ATMが使えなくなったり、各種機能にアクセスできないことがたまにあります。これは中央サーバーの問題が全システムに悪影響を与えるパターンで、P2P方式では起こり得ません。

また運営者の都合によって、突然サービスが終了したり、システムが大幅に改悪されるといった事態も、P2Pでは発生しません。参加者の意志により、コミュニティ全体の方向が決まるからです。

ただし、次のようなデメリットも考えられます。

①困ったことがあったとき、相談をする先がない
②システムのあり方などについて、コミュニティ内で対立が起きることがある

仮想通貨は、いわば無人の通貨システムです。開発者はいるものの、通貨のやり取りはシステム内で完結するため、管理、監視するスタッフはいません。

それに開発者が誰であるかも分からないケースが多いため、使い方が分からない、送金ができないといったトラブル時、質問や相談をする窓口が存在しないことがあります。ただし、仮想通貨取引所内にあるウォレットで通貨のやり取りをしている場合

には、取引所の運営会社が質問に答えてくれるでしょう。

コミュニティ内の対立については、実例がいくつかあります。有名なところでは、ビットコインとビットコインキャッシュの分裂。2017年の夏、ビットコイン開発者を中心としたコミュニティ内で意見の衝突が起こり、対立は解消されず、ビットコインから分岐することで、ビットコインキャッシュという新たな仮想通貨が誕生しました。同様の流れで、イーサリアムはイーサリアムクラシックと袂を分かちました。

ただし、こういった内輪もめによる通貨の分裂は、最近はほぼ起きていません。仮想通貨を取り巻く環境がかつてより成熟しているからかもしれません。

送金の流れを易しく解説

いよいよここでは、仮想通貨で送金をする流れを、元祖仮想通貨であるビットコインを例に解説していきます。

　ビットコインの情報を保有している各コンピュータは、P2P技術によりそれぞれがインターネット上でつながっており、役割や保有している情報に上下関係はありません。そしてコンピュータがどこにあって、誰が所有しているかは不明です。

　この状態で、AさんがBさんに1ビットコインを送ろうとしました。このときAさんのコンピュータから、Bさんでなくても誰でもいいので、「A→B　1BTC」という情報が送信されます。

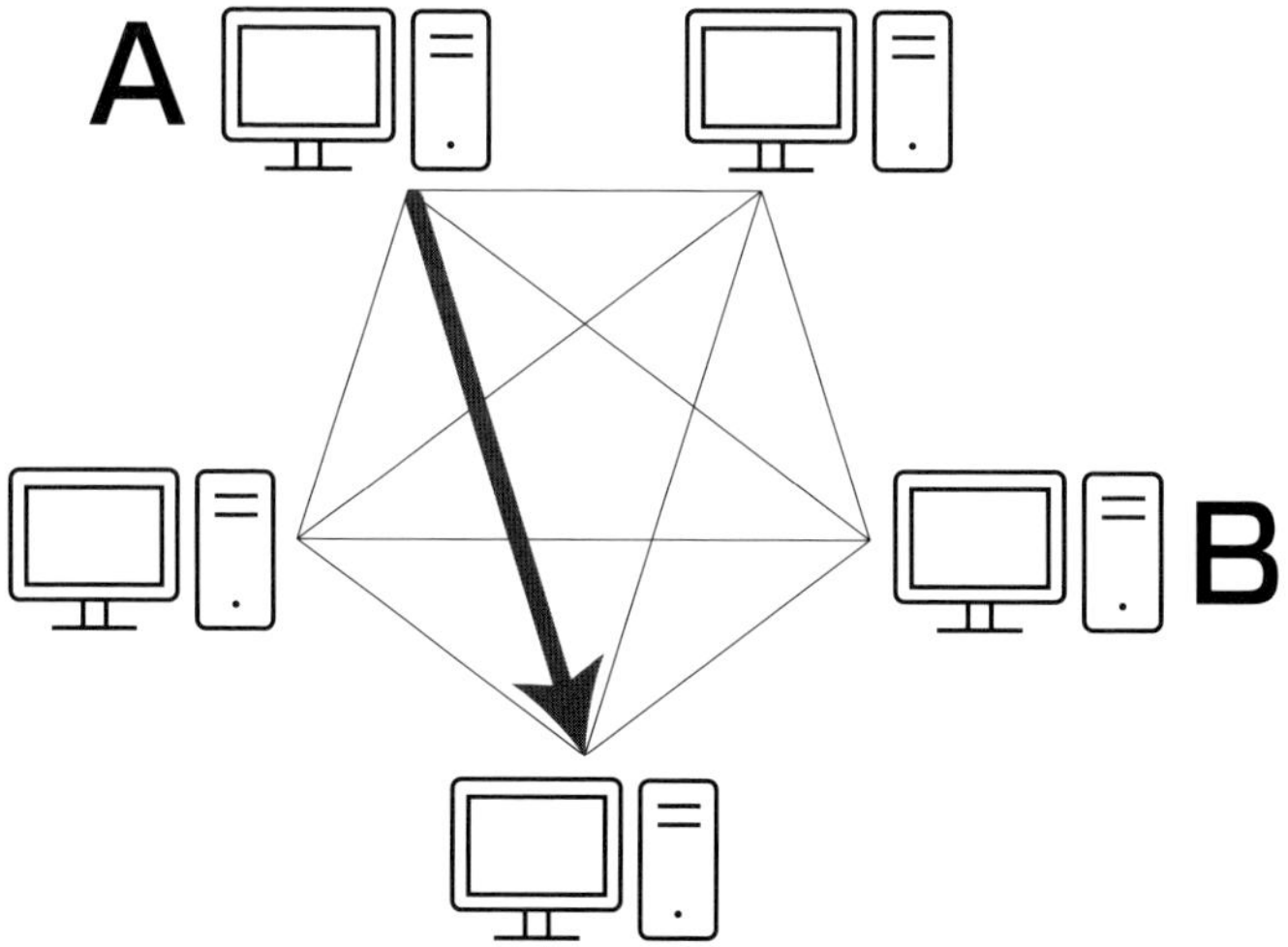

送信したいという情報を受け取ったコンピュータは、その内容にエラーがないか、誰かが成り済ましていないか、といった部分を確認します。こういった送金の要請は世界中で同時に複数回発生しているため、同様にコンピュータは受け取った情報をチェックしていきます。

情報がある程度たまったところで、世界中の接続されているコンピュータにこの情報が送信されます。受信したコンピュータは、受け取った情報が間違っていないかをチェックしつつ、コンピュータ内に記録します。このように確認済みの情報が、各コンピュータに同じように共有されていると、

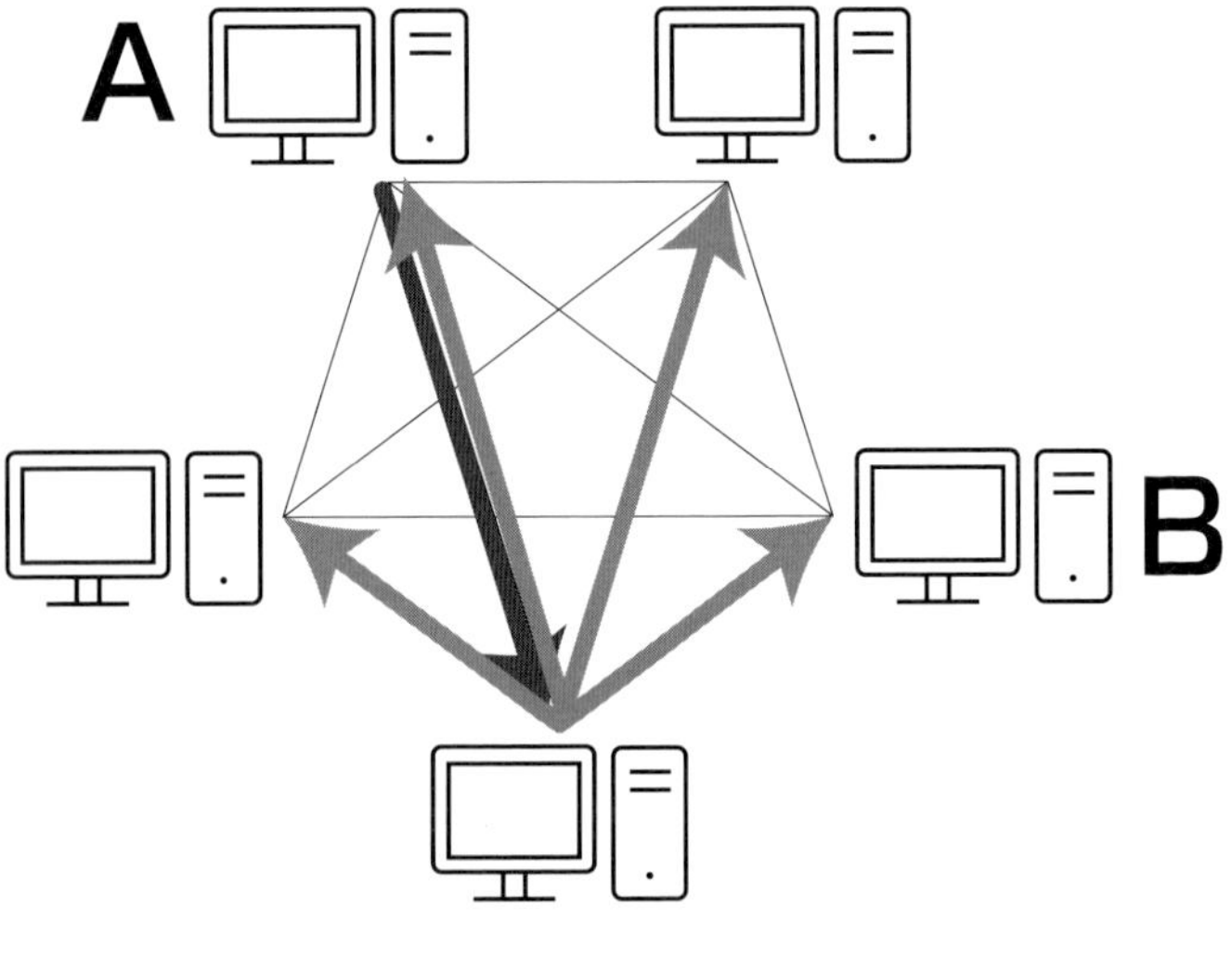

送金が滞りなく行われた状態となります。

「Aさんから B さんに 1 BTC 送金されたよね？」と、どのコンピュータに聞いても、「はい、そうです」という答えが返ってきます。こうなると、参加しているコンピュータの一部が壊れても他のコンピュータには情報が残っているので、中央のサーバーがなくてもシステム全体で情報を保持できるというわけです。

2-5 ビットコインとアルトコイン

ビットコインとアルトコインの関係

サトシ・ナカモトが2008年に構想を公開したビットコインから仮想通貨が始まり、現在は膨大な種類の仮想通貨が生み出されています。これらビットコインではない全ての仮想通貨を、アルトコインと呼びます。

たくさんのアルトコインが世の中に存在しようとも、いまだビットコインの影響力は極めて強く、仮想通貨全体の時価総額の多くの部分をビットコインが占めています。

2017年の仮想通貨バブル発生前までは、ビットコインはほぼ8割以上の時価総額シェアを誇っていました。その後何度か上下動を繰り返していますが、2021年前半の時点でも40％前後のシェアを保っています。つまり、世界の仮想通貨を金額ベースで見ると、4割以上がビットコインであるということです。

また、下の表を見ると、仮想通貨全体が上昇相場になると、ビットコインのシェアが下がることも分かります。すなわち2017年、2021年の勢いのある相場では、アルトコインの価値がビットコイン以上に高まるため、相対的にビットコインのシェアが落ちます。

さらにビットコインのシェアが高い時期を見ると、2014～2016年と、20

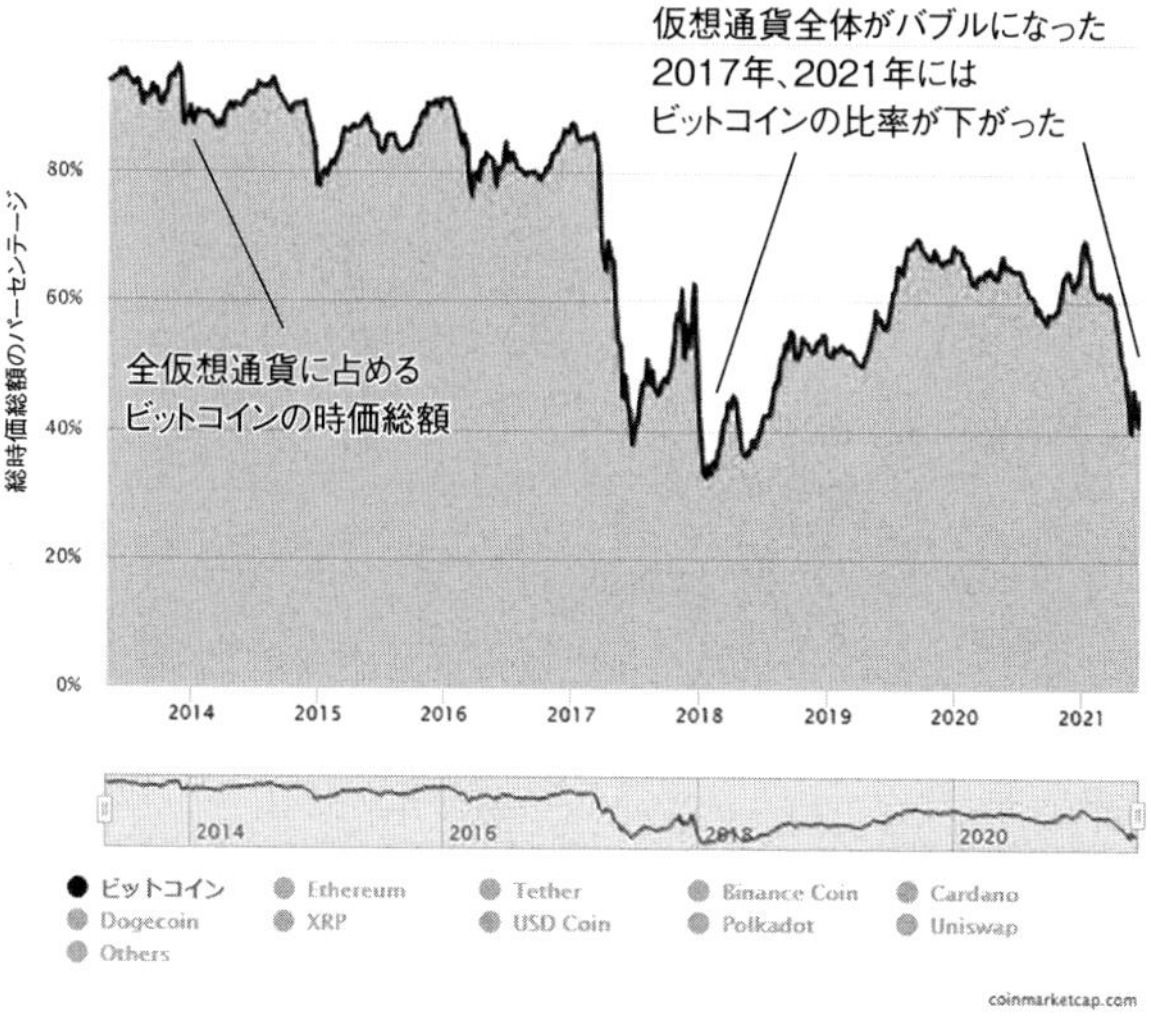
仮想通貨全体がバブルになった
2017年、2021年には
ビットコインの比率が下がった
全仮想通貨に占める
ビットコインの時価総額
総時価総額のパーセンテージ
80%
60%
40%
20%
0%
2014
2015
2016
2017
2018
2019
2020
2021
2014
2016
2018
2020
ビットコイン
Ethereum
Tether
Binance Coin
Cardano
Dogecoin
XRP
USD Coin
Polkadot
Uniswap
Others
coinmarketcap.com

出典：https://coinmarketcap.com/

１９～２０２０年では後者の方がビットコインのシェアが落ちています。ビットコインが最重要な位置付けであることは変わらないものの、アルトコインの種類が増えるに伴って、その価値も次第に高くなっていると判断できます。

なお、幕末スワップの基幹になるイーサリアムは、最も時価総額が高いアルトコインとなります。

機能面の違い

ビットコインとアルトコインは、機能面に違いがあることが多いです。ビットコインは一番最初に開発された仮想通貨なので、その機能は非常にシンプル。Ｐ２Ｐの技術を使って、通貨を送金したり、保有したりする機能しか持ち合わせていません。

それに対してアルトコインは、多かれ少なかれ、ほとんどのものがビットコインにない機能を有しています。アルトコインは、ビットコインのプログラムを参考に開発されたわけですから、ごく自然な流れです。

例えば、スマートコントラクト機能。これは特定の条件がクリアされると、ブロックチェーン上に特定の動作が自動的に起こるようにプログラムされている機能のことです。

分かりやすい例でいえば、自動販売機。お金を入れて、欲しいジュースを選べば出てきます。入金と選択が条件になっており、その結果として自動的にジュースが出てくるわけで、仲介する存在はいません。

影響力が強いアルトコイン、イーサリアムのスマートコントラクトの機能を利用することで、自動的に動く取引所を作ることも可能です。幕末スワップはまさにこの技術を利用して運営されています。

第3章

仮想通貨を保管するウォレットを作ろう！

3-1

ウォレットとは何か

仮想通貨保管のための財布

仮想通貨を保管したり、取引したりするためには、専用のウォレット（財布の意味）を持つ必要があります。

仮想通貨には実体がないので、データを保存してくれるデジタル対応の財布というイメージでＯＫです。

ウォレットの種類

ウォレットにはいろいろな種類があります。パソコンやスマホで使うものもあれば、紙やＵＳＢメモリといった実物で保管するものも。デジタルな仮想通貨を実物の財布で保管するのはちょっと変に感じるかもしれませんが、ウォレットの種類によって特徴が違ってきます。

①ウェブウォレット

インターネット上に仮想通貨を保管します。送金したい場合にすぐ送金できるため使い勝手が良いのが最大のメリットです。幕末スワップのような仮想通貨をアクティブに預け続ける運用の場合、ウェブウォレットでないといけません。

デメリットはセキュリティ面。インターネットに常時接続しているので、この後に出てくるオフライン系のウォレットと比べると、ハッキングに遭う可能性があります。とはいえ、しっかり管理すればそういった被害に遭うことはまずないでしょう。

②ハードウェアウォレット

仮想通貨の保管用に開発されたデバイスで、ＵＳＢメモリに似た形をしたものが人気です。

パソコンにＵＳＢ接続して使いますが、仮想通貨以外の情報は保管できません。普段は取り外しておけるため、インターネットに接続されておらず、セキュリティ的には安心です。

ただし仮想通貨のプログラム更新があるたび、ハードウェアウォレットのプログラムも更新しないといけないため、ある程度の知識が求められます。

③ペーパーウォレット

仮想通貨の保管情報を、文字通り紙に印刷して保管する方法です。インターネットと一切接続されていないため、外部からのハッキングや盗難の心配はありません。

ただ紙そのものを紛失したり、破いたり、火事などで燃えてしまうリスクはあるので、しっかりとした管理が必須です。

3-2

メタマスクを作ってみよう

メタマスクとは？

幕末スワップに参加するためには、ウェブウォレットが必須です。ここでは機能がシンプルで使いやすく、世界中で人気のウェブウォレット「メタマスク」の導入方法を解説していきます。

メタマスクにはパソコン版とスマートフォン版がありますが、スマートフォン版では画面のキャプチャがセキュリティのためできず、解説用の画像を用意することが難しいので、パソコン版で解説していきます。スマートフォン版でも、基本的な流れは同様です（画面などは２０２１年7月時点の情報です）。

作成の手順

※ Google Chrome というＷＥＢブラウザ（インターネットの閲覧ソフト）を用います。まだ導入していない場合は、まずは Chrome をインストールしてください。

https://www.google.com/intl/ja_jp/chrome/

① メタマスクのホームページにアクセス

https://metamask.io/

② 「Download now」と書いてある部分をクリックする

②
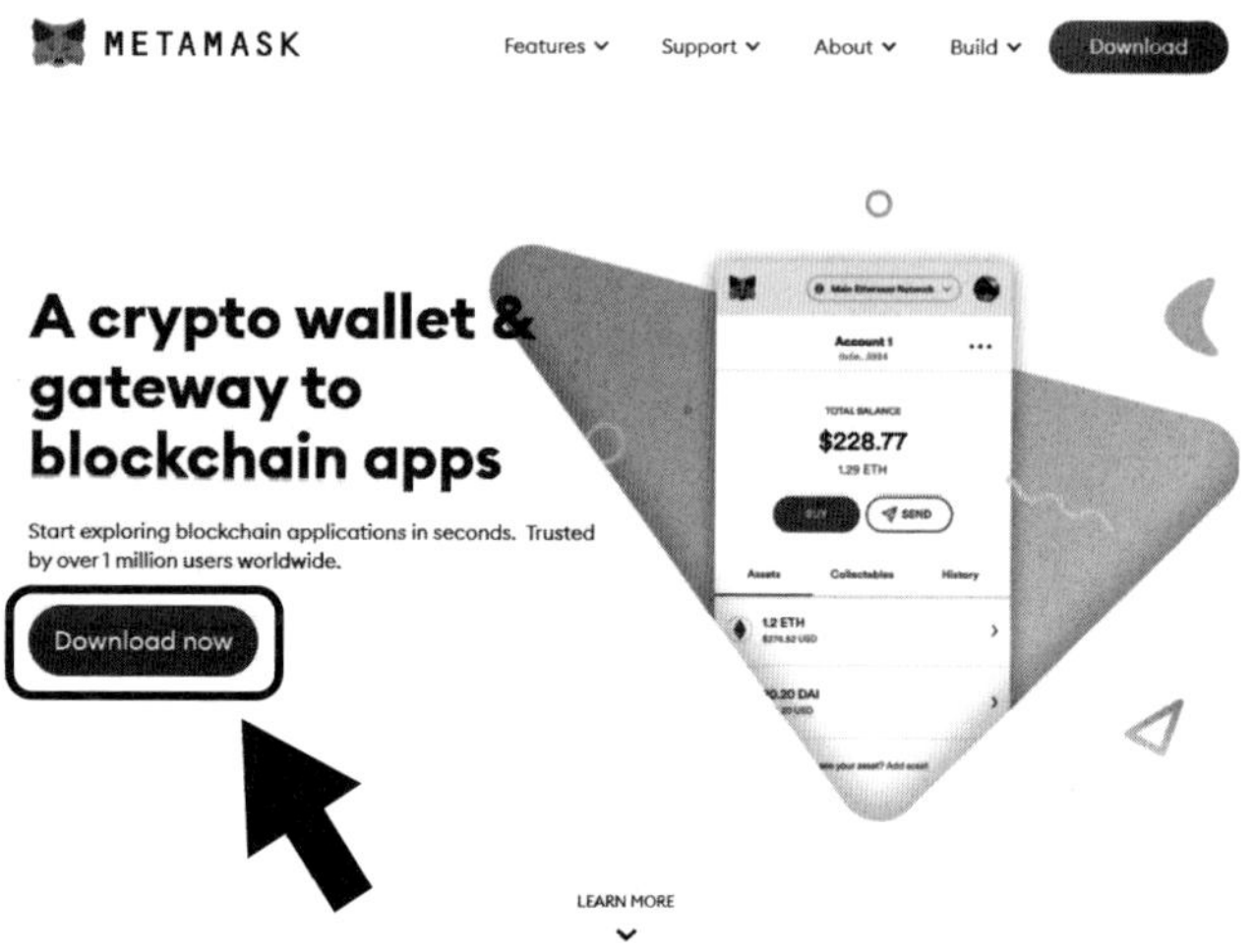

参照：https://metamask.io/

③
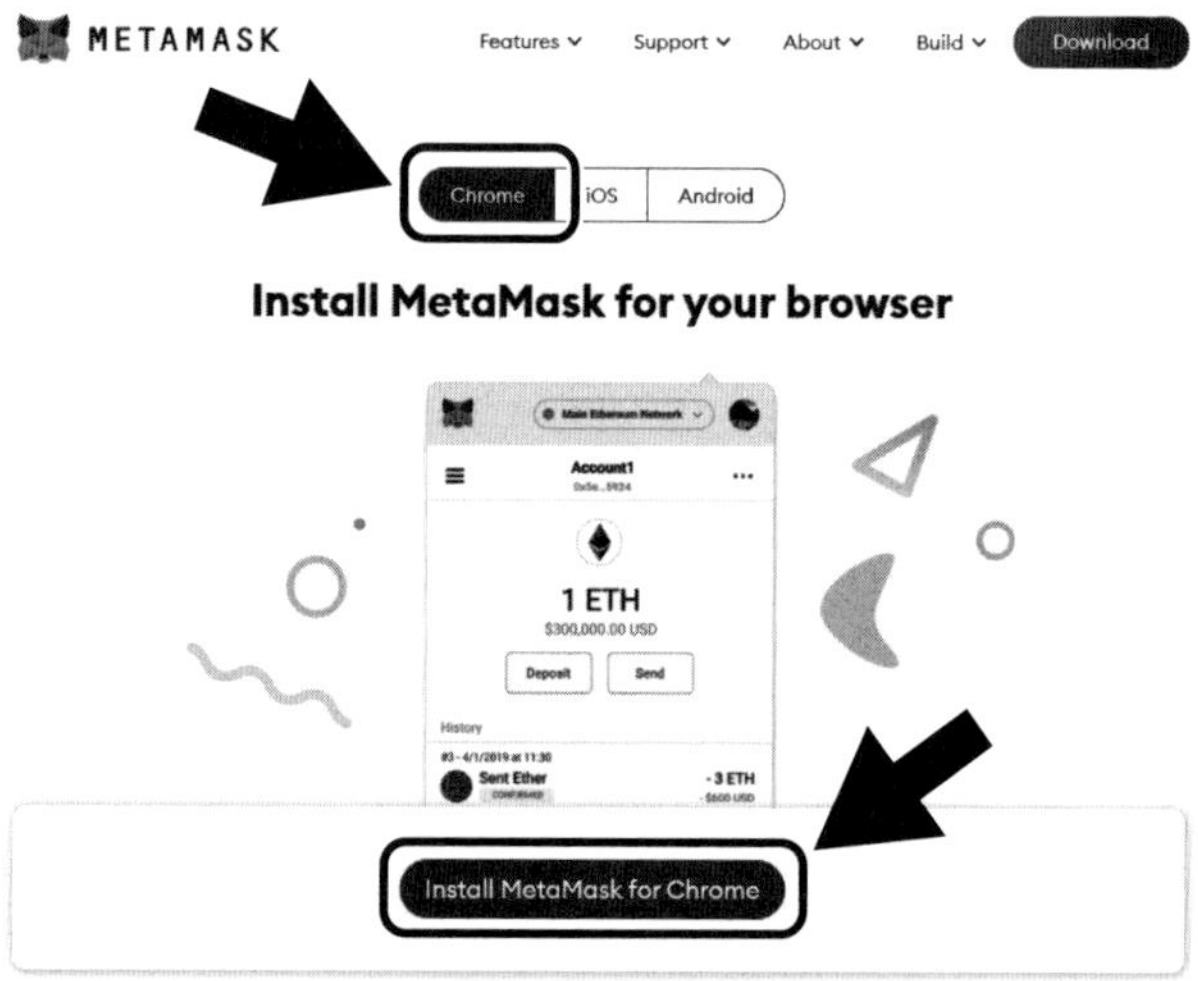

参照：https://metamask.io/

③ Chrome を選択し、「Install MetaMask for Chrome」部分をクリックする

④ 右上にある「Chrome に追加」をクリックする

⑤ 「MetaMask」を追加しますか？というダイアログボックスが出るので、「拡張機能を追加」をクリックする

⑥ この画像が出ると、Google Chrome にメタマスク機能を導入完了。「はじめる」をクリックする

⑦ 「MetaMask は初めてですか？」という質問が表示されるので、右側の「ウォレットの作成」をクリックする

⑧ 「MetaMask の品質向上へのご協力のお願い」部分は「やめておく」「同意します」

④

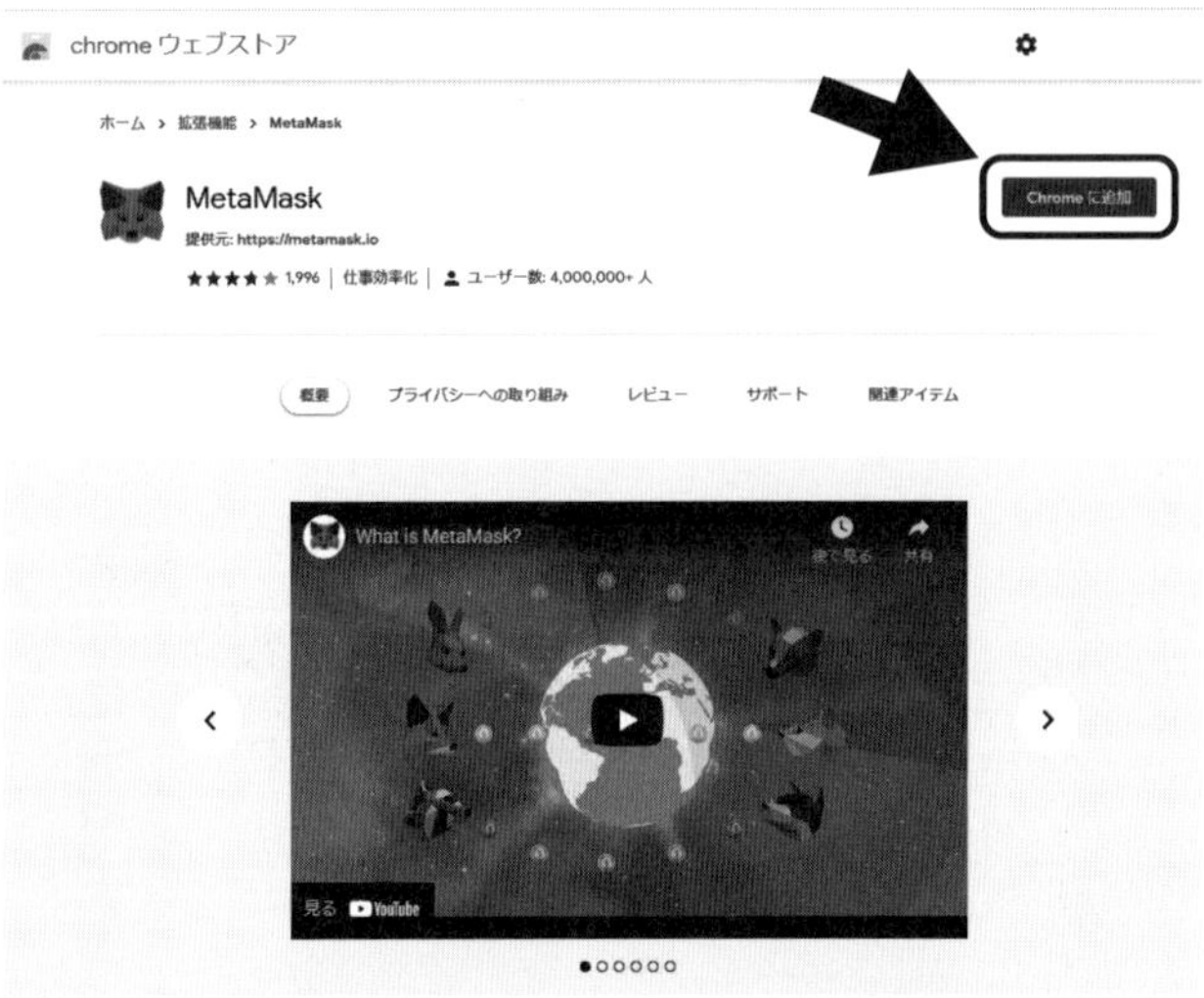

参照：https://metamask.io/

⑤

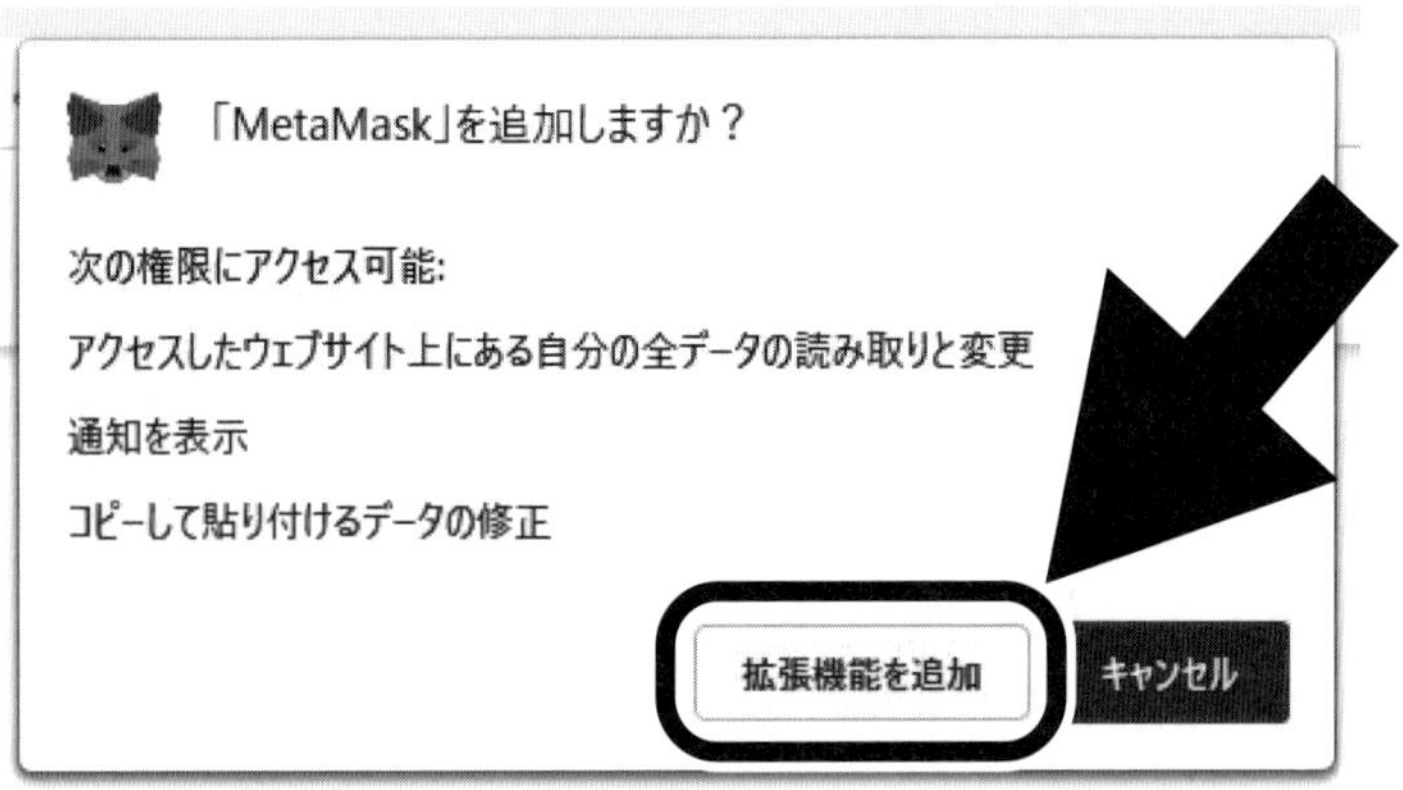

参照：https://metamask.io/

⑥

MetaMaskへようこそ!
Ethereumの分散型Webに接続しています。
また会えましたね!
はじめる

参照：https://metamask.io/

⑦

METAMASK
MetaMask が初めての場合
いいえ、既にシークレットリカバリー フレーズを持っています
シークレットリカバリー フレーズを使用して既存のウォレットをインポートする
ウォレットのインポート
さあセットアップしましょう!
これにより、新しいウォレットとシークレットリカバリー フレーズが作成されます
ウォレットの作成

参照：https://metamask.io/

⑧

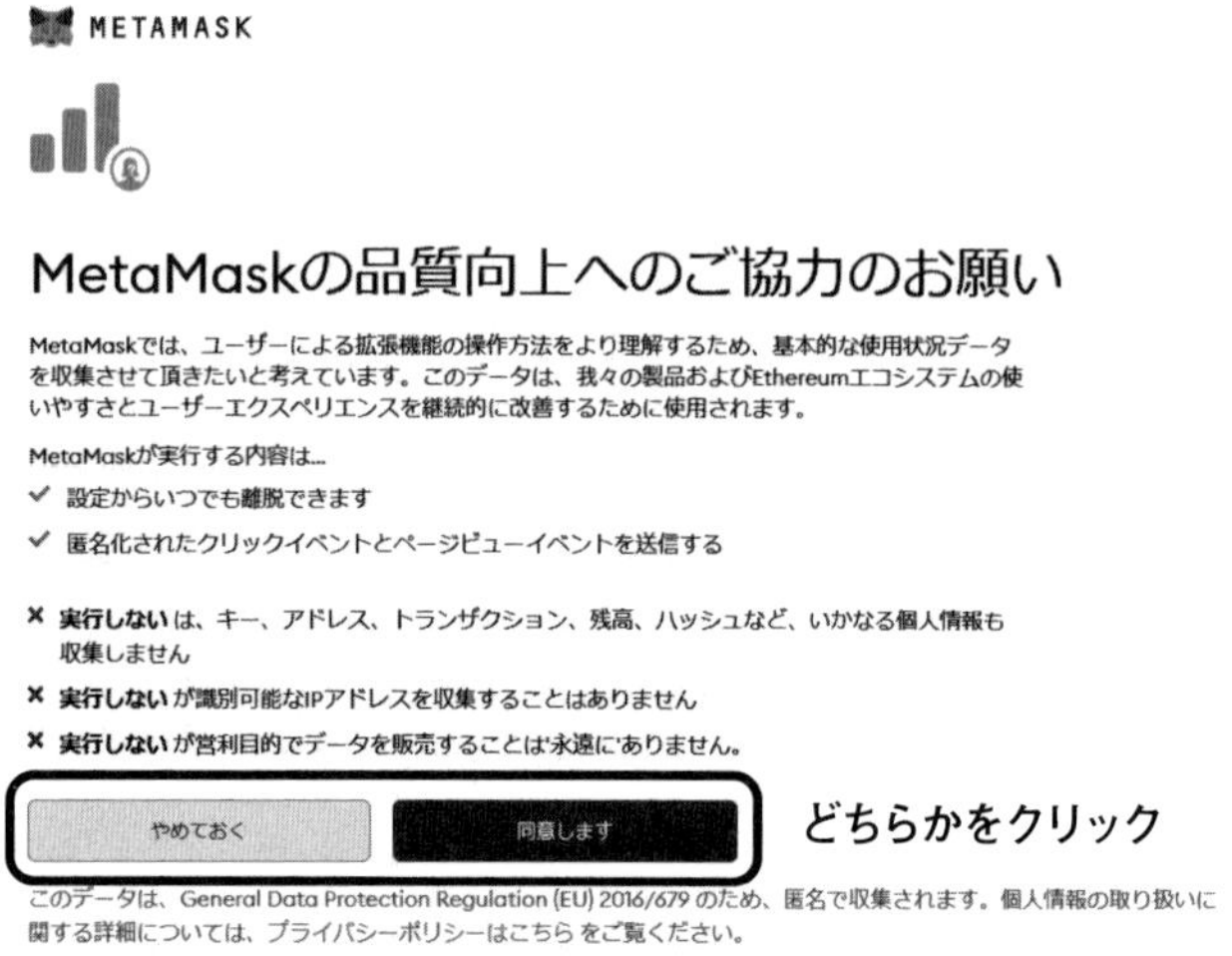
METAMASK
MetaMaskの品質向上へのご協力のお願い
MetaMaskでは、ユーザーによる拡張機能の操作方法をより理解するため、基本的な使用状況データを収集させて頂きたいと考えています。このデータは、我々の製品およびEthereumエコシステムの使いやすさとユーザーエクスペリエンスを継続的に改善するために使用されます。
MetaMaskが実行する内容は...
設定からいつでも離脱できます
匿名化されたクリックイベントとページビューイベントを送信する
実行しないは、キー、アドレス、トランザクション、残高、ハッシュなど、いかなる個人情報も収集しません
実行しないが識別可能なIPアドレスを収集することはありません
実行しないが営利目的でデータを販売することは'永遠に'ありません。
やめておく
同意します
どちらかをクリック
このデータは、General Data Protection Regulation (EU) 2016/679 のため、匿名で収集されます。個人情報の取り扱いに関する詳細については、プライバシーポリシーはこちら をご覧ください。

参照：https://metamask.io/

⑨

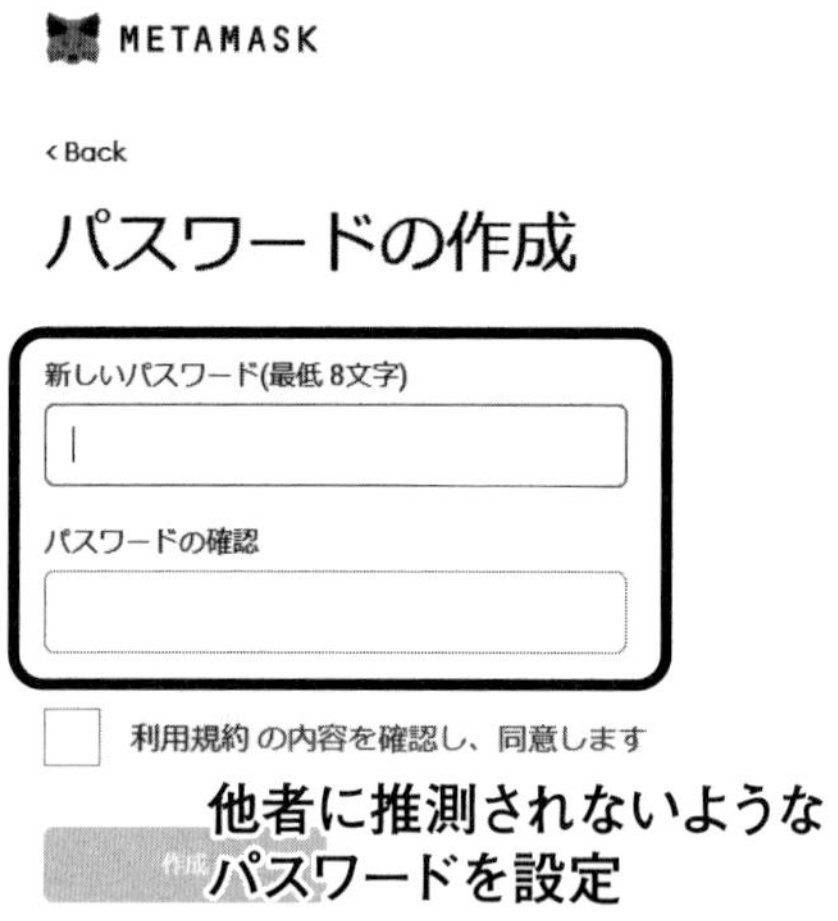
METAMASK
< Back
パスワードの作成
新しいパスワード(最低 8文字)
パスワードの確認
利用規約 の内容を確認し、同意します
他者に推測されないような
パスワードを設定
作成

参照：https://metamask.io/

のいずれかをクリックする

⑨ パスワード設定

ここは最も重要な部分の一つで、できれば#や$などといった記号も使って、難易度の高いパスワードを作りましょう。第三者にこのパスワードを決して公開してはいけません。

⑩ 秘密のバックアップフレーズを保存

メタマスクの導入にあたり、唯一手間がかかる部分です。

⑩

METAMASK
< 戻る
秘密のバックアップフレーズ
秘密のバックアップ フレーズを使用すると、アカウントのバックアップと復元が容易になります。
警告:バックアップ フレーズは絶対に公開しないでください。このフレーズを使用すると、誰でも Ether を永久に利用することができます。
秘密の言葉を表示するには、ここをクリックします
後で通知する
次へ
ヒント:
このフレーズを 1Password のようなパスワードマネージャーに保管します。
このフレーズを紙に書いて安全な場所に保管してください。さらなるセキュリティが必要な場合は、複数の
いて、それぞれを2～3の異
場所に保管します。
このフレーズを記憶します。
この秘密のバックアップ フレーズをダウンロードして、外部の暗号化されたハードウェア ドライブまたはストレージ媒体に安全に保管します。

参照：https://metamask.io/

秘密のバックアップフレーズとは、自分だけのウォレットを別のパソコンに復元させるための秘密のパスワードのことです。例えばパソコンが古くなったり壊れたりして、新しいパソコンを購入した場合に、そちらに同じウォレット情報をコピーするときに使用します。秘密のバックアップフレーズを打ち込むだけで、全ての情報が新しい端末にも引き継がれます。

ということは、このフレーズを第三者には決して教えてはいけません。他人が、あなたのウォレットを丸ごと好きにできてしまうからです。一度他のウォレットに送金された仮想通貨は、決して取り戻すことはできません。

以上をあらためて確認したら、「秘密の言葉を表示するには、ここをクリックします」をクリック。すると、10個以上の英単語が表示されます。その画面を画像としてキャプチャ保存し、インターネットに接続されていない環境で保管してください。また、紙に書き留めて保管するのも良いでしょう。コピー&ペーストをしたテキストファイルをインターネットにつながっているパソコンに保存するのは、セキュリティ上おすすめできません。

⑪ 秘密のバックアップフレーズの確認

確認画面が出るので、先ほど表示された英単語を順番通りに選択。全て選んだら「確認」をクリックします。

⑫ 確認の完了

この画像が出れば確認が完了。メタマスクを使うことができます。

⑪

METAMASK
‹戻る
秘密のバックアップ フレーズの確認
各フレーズを選択して、各フレーズが正しいことを確認してください。
順番通りに英単語を選択

参照：https://metamask.io/

⑫

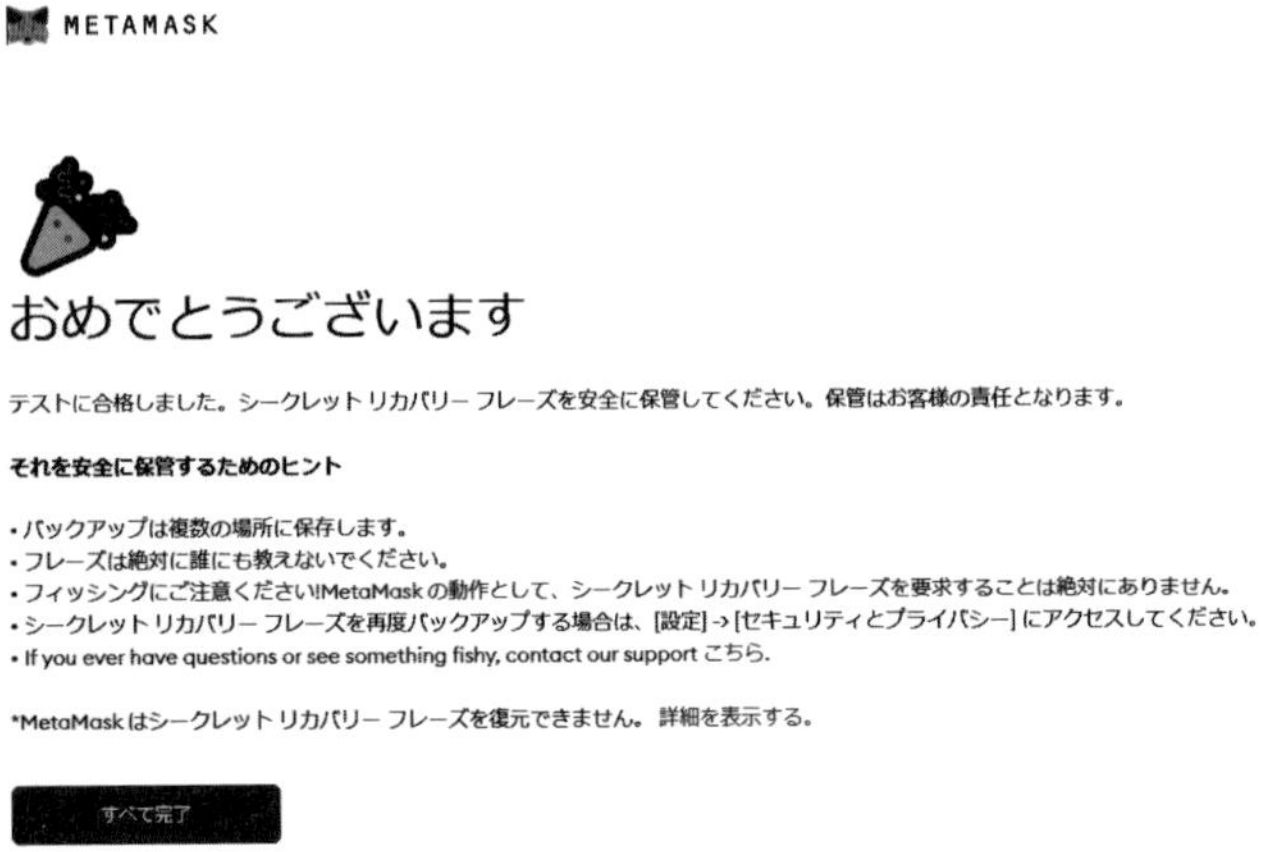
METAMASK
おめでとうございます
テストに合格しました。シークレット リカバリー フレーズを安全に保管してください。保管はお客様の責任となります。
それを安全に保管するためのヒント
• バックアップは複数の場所に保存します。
• フレーズは絶対に誰にも教えないでください。
• フィッシングにご注意ください!MetaMask の動作として、シークレット リカバリー フレーズを要求することは絶対にありません。
• シークレット リカバリー フレーズを再度バックアップする場合は、[設定] -> [セキュリティとプライバシー] にアクセスしてください。
• If you ever have questions or see something fishy, contact our support こちら.
*MetaMask はシークレット リカバリー フレーズを復元できません。詳細を表示する。
すべて完了

参照：https://metamask.io/

第4章

仮想通貨運用の基礎知識

4-1

初心者が最初に覚えること

ガチホが基本

この章では、仮想通貨を資産運用する際の基本を解説していきます。幕末スワップに参加する、しないにかかわらず、最初から知っておくことで有利に運用できますし、大怪我をする可能性は減ります。

仮想通貨で利益を得る方法は複数ありますが、最も基本になるのは長期間ホールドすること、いわゆるガチホとなります。

もう一度ビットコインの値動きを見てみましょう。２０１５年には3万円程度だったのが、第２バブルの２０１７年末~２０１８年初にかけては２００万円以上に上昇しています。実に70倍ほどの値上がりです。

その後２０２０年春に一時的に40万円くらいまで下落しますが、２０２１年には７００万円まで上昇しており、このときは約17倍増です。

ここまでのビットコインは、そして仮想通貨は、激しい上下動を見せながらも、着実に上方向を目指している、つまり長期的には上昇トレンドであるといえます。

もっと極端な例があります。次のページのチャートは海外の大手取引所、ＢＩＮＡＮＣＥが発行しているバイナンスコインの

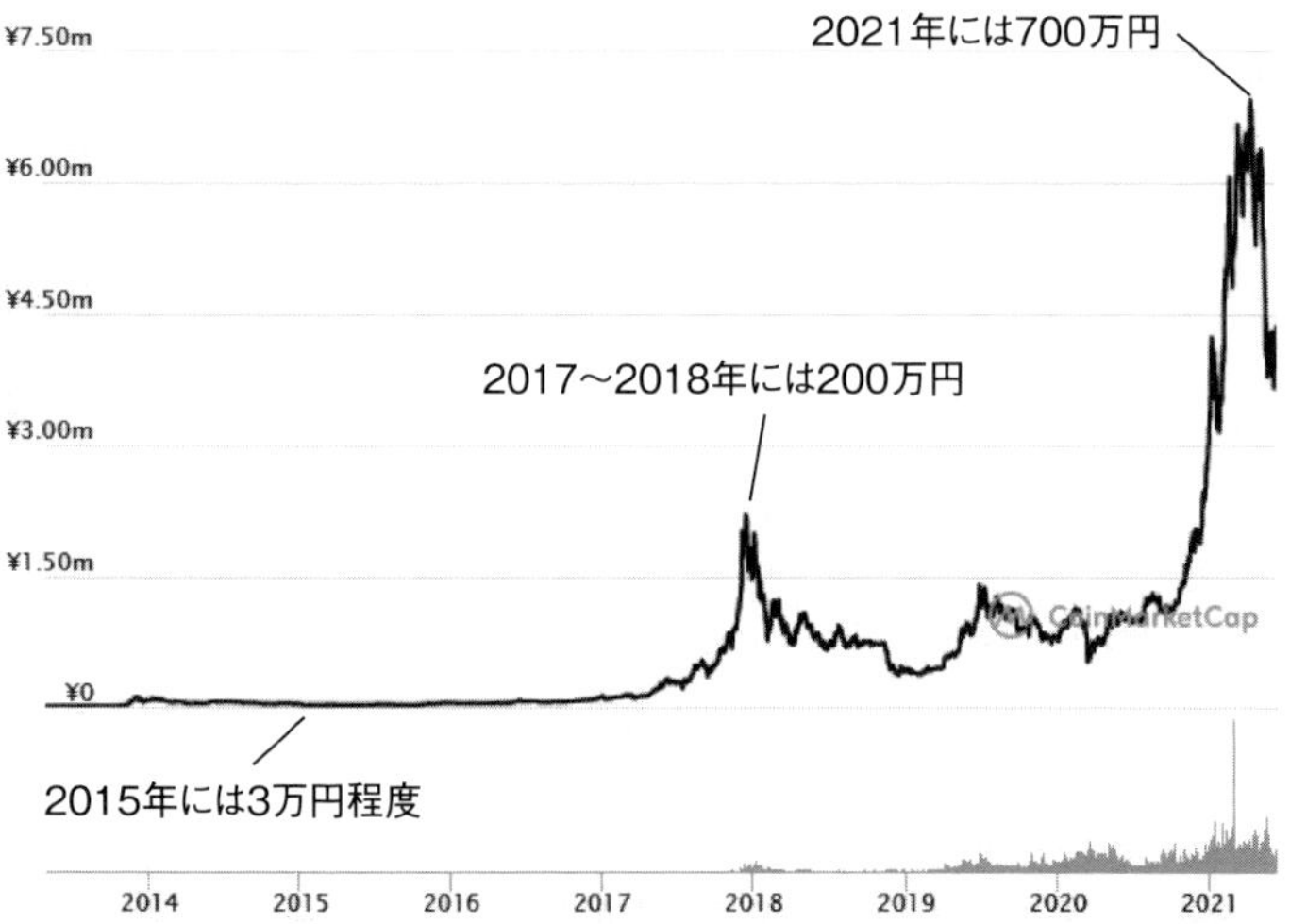

出典：https://coinmarketcap.com/

もの。２０１７年公開という比較的新しい仮想通貨で、公開からしばらくは数十円程度の価値しかなく、２０２１年の１月にも数千円の価値でした。しかしそこから上昇して、２０２１年５月には７万円前後の価値になりました。わずか４年間で、数千倍という暴騰を見せています。

歴史が古く、価値が上がるのが早かったビットコインに対して、アルトコインの上昇は何テンポか遅れて発生する傾向があるため、ビットコインより短いサイクルで、驚異的な上昇を見せることがよくあります。

このように紆余曲折ありながらも上を目

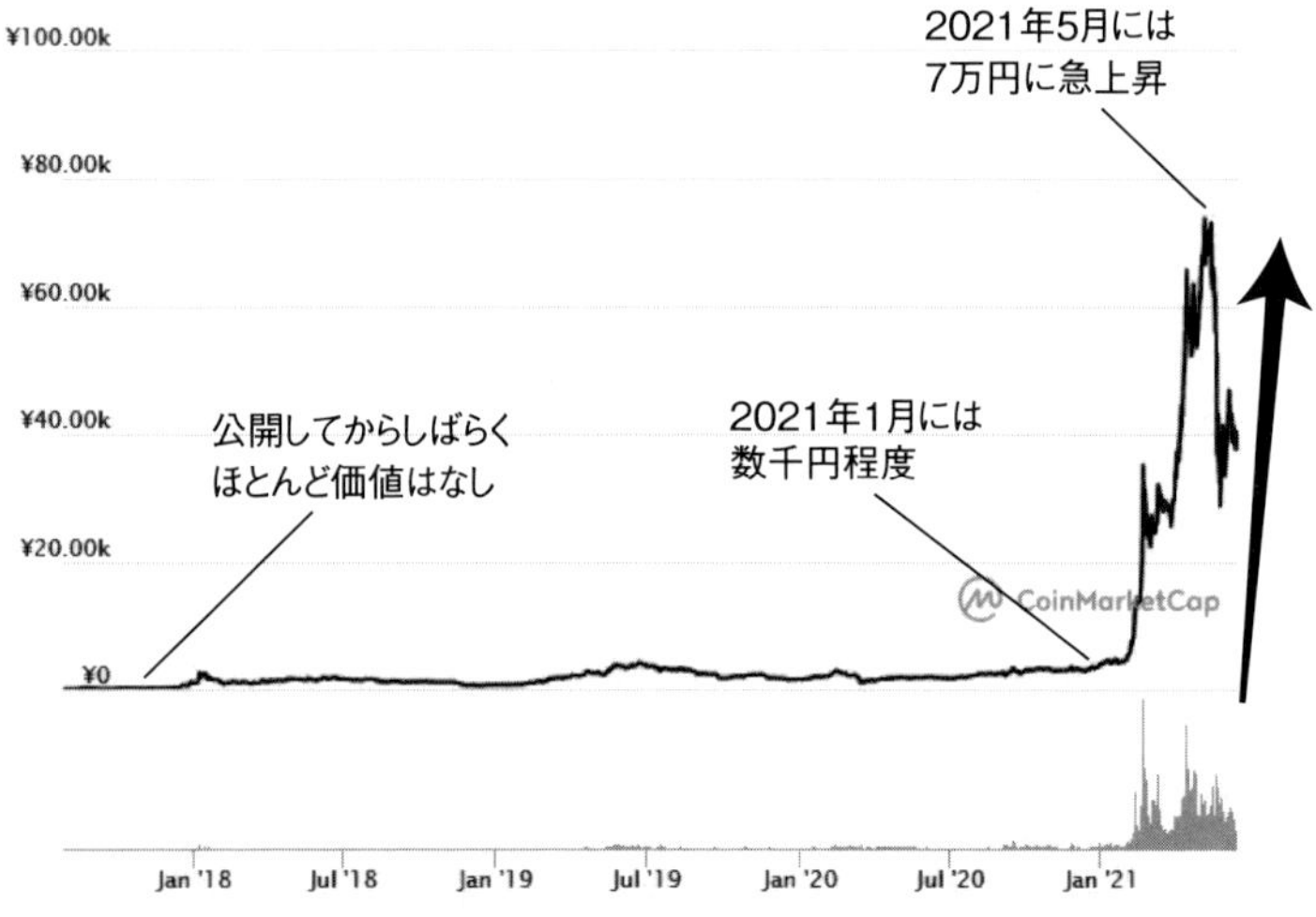

2021年5月には
7万円に急上昇
¥100.00k
¥80.00k
¥60.00k
¥40.00k
¥20.00k
¥0
公開してからしばらく
ほとんど価値はなし
2021年1月には
数千円程度
CoinMarketCap
Jan '18
Jul '18
Jan '19
Jul '19
Jan '20
Jul '20
Jan '21

出典：https://coinmarketcap.com/

指す可能性が高いなら、長い期間保有するのが利益を出しやすい投資方法ということになります。上下の波を読み切って、適切なタイミングで買ったり売ったりできればそれが一番ですが、こういった裁量トレードはプロでも簡単ではないです。難しいことにはいずれ挑戦すればいいとして、当面は仕込んだ仮想通貨を長く持ち続けるスタンスから投資を始めてみましょう。

ちなみに、国内の仮想通貨取引所の手数料は現時点では非常に高いです。頻繁に取引を繰り返せばそれだけ手数料を支払うことになるので、トレードの難易度が上がります。これもまた、長期保有に優位性がある理由になります。

分散投資の有効性

仮想通貨に限らず、一番下で買い、一番上で売るのは理想ですが、まずもって無理です。それができたら苦労しません。そのため、仮想通貨の投資は、一点買いするのではなく、資金を小分けにして少しずつ買い足していく方が成績は安定します。

先ほどの例でいえば、２０１８年の１月に資金全部をビットコインに投じていたら、その後の下落で長期間含み損になっていました。プラス収支に転じたのは２０２０年の12月で、ほとんど3年間含み損を耐えることになります。３年間耐え抜ければいいですが、途中で心が折れて撤退してしまえば、損失を出して投資を止めることになります。一点買いではこういうことがよく起きます。

ところが、２０１８年1月から資金を36等分して、毎月コツコツとそのときのレートでビットコインを買っていたらどうでしょうか。分散してエントリーする場合、その期間の平均価格でビットコインを保有することになりますから、相場が全体的に上昇していればプラス収支になるタイミングは早いです。つまり、参加するタイミングによる運の要素を排除できるのです。

なお、決済についても分割は有効です。既にＦＸや株をやったことがある方なら必

詳しくはウラ面へ ➡

ず経験があると思いますが、十分に利益を得たと思って利食いした後でさらに伸びて、儲かっているのに損をした気分になったことはありませんか？

底と天井を事前予想することは実質的に無理なので、思惑通りの展開になったとしても、こういった葛藤は必ずあります。また、仮想通貨がどこまで成長するかは誰にも分からないため、「さすがにこれ以上は上がらないだろう」という予想は良い意味で簡単に裏切られる可能性がかなりあります。

ＦＸや株のように歴史が長い金融商品であれば、よほどの大事件が起きない限りは上昇や下降の幅はある程度予想できます。反対に仮想通貨はまだ始まったばかりの金融商品であり、何よりこれまでの社会になかった概念であるため、今の価格が安いのか高いのかの判断は、未来の人間にしかできないのです。

そのため、仮想通貨を保有して利益が出てそれを確定するときには、全利食いではなく、一部を残した方が精神衛生上も、その後のさらなる上昇に乗れる点でも有利です。

情報に振り回されない

私が若いころの投資情報といえば、日本経済新聞や投資関連の書籍や雑誌、証券会社が発信する情報程度でしたが、インターネットが完全にインフラ化した現代では、無秩序に情報が氾濫しています。特に情報量が多く、スピードも速いのがツイッターなどのＳＮＳで、何か事件があればまずツイッターのタイムラインを見ることも多いです。

インターネット上のＳＮＳや記事、動画などは間違いなく有用な情報ツールですが、全ての情報に同じように接すると大変なことになります。ネットでは、誰もが無料で自由に発信できるので、情報の質や方向がてんでバラバラです。意味もなく事実に基づかない情報をばらまく人もいれば、自分の商売に誘導するポジショントークをする人もいます。その一方で、非常に有益な情報が無料で手に入ることもあります。つまりは情報の選別が大切なのです。

情報を選別する際の基本は、「事実と、意見や予想を区別する」ことです。「ビットコインが700万円になりました」は事実ですが、「ビットコインはきっと1000万円まで上がります」は意見、あるいは予想です。発言に責任があまり伴わないインターネットでは、意見や予想は往々にして発信する人の主観や信念、願望が込められているものです。ポジショントークも同様ですね。

そういった予想・意見については、前提になる立場や状況が違うため、参考にならないのが普通です。話四分の一程度で聞き流せるようになりましょう。

ビットコインを基準に考える

少なくとも1万種類以上の仮想通貨が世界には存在し、その中にはビットコイン以上の爆発的な値上がりをするものもあります。アルトコインは十分に魅力的な投資の対象ですが、それでもやはり世間はビットコインを中心に仮想通貨を考えます。仮想通貨に興味がない人でも、ビットコインくらいは知っているもので、ニュースに流れるのもビットコインばかりです。

これは、株式を取引するときに、自分が狙う銘柄とは別に、常に日経平均株価を気にするのに似ています。日経平均株価は、日本の代表的な企業225社の平均株価ですから、まずはその値動きから全体が上がっているのか、下がっているのか、流れがないのかをざっくり判断するのがセオリーです。

ビットコインを取引するかどうかは別として、常にビットコインの価格、チャート、ニュースなどをチェックする習慣をつけましょう。

4-2 仮想通貨トレードの実戦的知識

FXや株とは比較にならないボラティリティ

さまざまな銘柄において、ボラティリティ（変動幅）はトレードへの影響が非常に大きい要素です。ボラティリティが大きければ短時間で上がったり下がったり大きく動きますし、小さければ値動きが乏しい展開が多くなります。

仮想通貨は非常にボラティリティが大きい金融商品です。ここでは代表的な株価指数である日経平均株価と、２０２０年の変動幅を見てみましょう。

●日経平均株価　安値：１万６５５２・８３円　高値：２万７５６８・１５円
安値から高値への上昇率　66・５％

●ビットコイン　安値：44万1900円　高値：299万5000円
安値から高値への上昇率　577・8％

こうして数字で比較すると、圧倒的な違いです。ビットコインは日経平均株価の8倍以上の上昇率となりました。これが既に解説したバイナンスコインのような新興のアルトコインなら、さらに驚異的な上昇率になります。

2020年は新型コロナウイルス騒動から多くの金融商品は一度底をつけ、そこから金融緩和（政府によるお金のばらまき）により、上昇トレンドに入りました。日経平均株価は、相場にトレンドが出ればそれに従ってはっきり動く傾向がある銘柄です。通貨同士の交換であるFXではトレンドが出づらく、ボラティリティは日経平均株価よりさらに小さくなります。

このように仮想通貨の変動幅は非常に大きいのですが、良い面も悪い面もあります。

良い面は、もちろん流れに乗れれば圧倒的に稼げること。悪い面はその反対で、流れに乗れなければ大きく負けること。

ただし、全くといっていいほど動かない相場ではほとんど値幅を取れませんが、手数料は変わらず払わないといけないため、トレード難易度は極端に上がります。動かないよりは動いた方が良いのは間違いなく、仮想通貨は他の金融商品と比べて極めてよく動くという特徴があることは覚えておきましょう。

販売所と取引所は何が違う?

国内の仮想通貨取引所で売買しようとした場合、販売所と取引所の違いについても意識しましょう。どちらも仮想通貨を買ったり売ったりできることには変わりないのですが、主に手数料に大きな違いがあります。

販売所は、販売所を運営する会社が保有している仮想通貨を買ったり、逆に私たちが持っている仮想通貨をその運営会社に売ることができるところです。つまり取引をする相手は、他のトレーダーではなく運営会社です。

このように販売所は、可能な限りいつでも売買に応じられるよう、仮想通貨をストックしています。その分のコストがどうしてもかかるため、この後に出てくる取引所と比べて手数料が割高になります。

取引所は、仮想通貨を売買したい投資家同士をマッチングするところで、株等の証券会社とほとんど同じ機能となります。取引所側が仮想通貨をストックする必要はなく、買いと売りの希望をつなげるだけなので、販売所より手数料は安くなります。

ただし、相手がいなければ売買は成り立ちません。自分が1BTCを買いたいとき、1BTCを売ってくれる人がいなければ、トレードは成立しないのです。

また、取引数量が多いほど、希望価格で決済しにくいパターンもあります。1BTCを買いたいけど、直近の価格が0・5しか売っていない場合、まず0・5BTCの購入が成立し、そこからもっと離れた不利なレートで残りの0・5BTCが決済するということもあり得ます。

これがFXなら、よほどの緊急事態でない限り、ほぼ見えているレートで注文は通ります。これは参加者が非常に多く、流動性が抜群に高いFX相場だからこそです。仮想通貨の市場はまだまだ流動性が低いため、好きなタイミングで、好きな数量だけ売買できる相手がいつでも見つかるとは限らないことを覚えておきましょう。

現物取引とレバレッジ取引を知る

仮想通貨を取引する際に、現物取引とレバレッジ取引があることも覚えておきましょう。

現物取引は、個別株の保有に近いです。実際に仮想通貨を自分のウォレットに保有する取引のことで、手元に何も持っていない状態では買うことしかできません。購入した仮想通貨があれば、それを売る取引が可能になります。

レバレッジ取引は、ＦＸと非常によく似ています。実際の仮想通貨をやり取りするわけではなく、「その仮想通貨を売買した場合に生じた損益」を、取引口座に対して増減させる運用です。

レバレッジ取引では、自分の資金の倍の価値がある仮想通貨を保有できます。例えば１ＢＴＣの価格が５００万円、資金も５００万円なら理論上は２ＢＴＣまで保有できます。これが現物取引なら、もちろん１ＢＴＣまでです。

また、レバレッジ取引では、手元に何も持っていなくても、最初から売りでトレードを始めることができます。仮想通貨をここから売ったことにして、それによって生じた結果を口座に反映するため、下落局面を狙って利益を得ることも可能です。

テクニカル分析から流れを読む

仮想通貨の将来的な価格の見通しを分析する場合、大きく分けてテクニカルとファンダメンタルズという2系統の分析があります。

テクニカル分析は、チャート分析が主役になります。チャートは価格推移を時系列に並べたもので、現在の相場がどちらに向かっているのか、相対的に高いのか、安いのかなどを判断します。また、チャート上にインジ

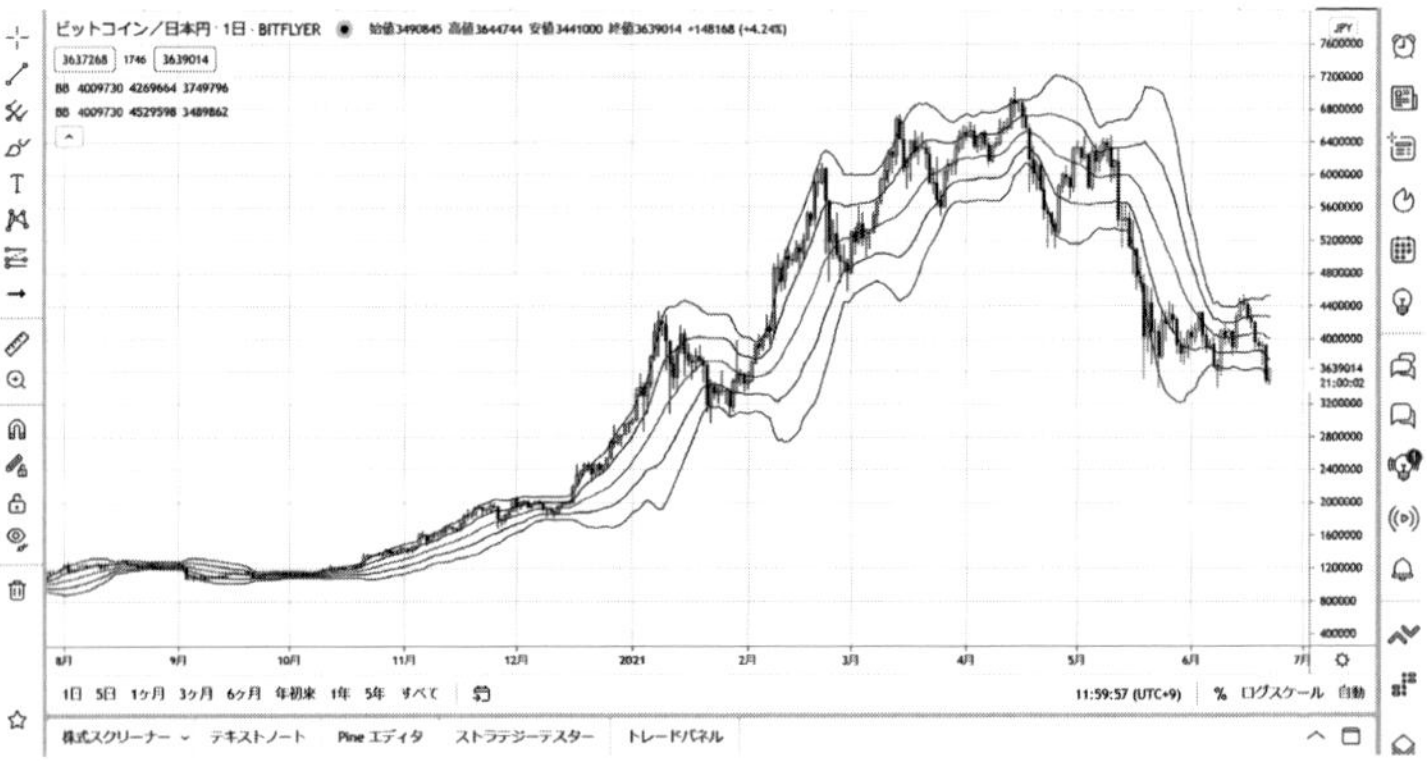

参照：https://jp.tradingview.com/

ケーターを表示して、視覚的に過去から現在まで続く値動きを確認します。

右のページの画像は無料でも使えるチャートソフト、TradingView。仮想通貨だけでなく、ＦＸ、国内外の株式、株価指数、ＥＴＦなど幅広いジャンルのチャートを表示できる上に、非常に多機能で使いこなしがいがあります。

ファンダメンタルズ分析で未来を予想

ファンダメンタルズ分析は、経済や政治などの状況、有名人の発言、それに仮想通貨業界の法整備やニュース、事件などが、価格推移に与える影響を考慮して値動きを分析することです。

体感的にですが、仮想通貨はファンダメンタルズの影響が大きいです。どこかの取引所が取り扱いを開始した仮想通貨が大きく値上がりしたり、影響力のある人物の発言で仮想通貨市場全体が暴騰したりといったことがよく見られます。

第5章

イーサリアムを購入してみよう！

5-1 国内主要取引所に取引口座を作ろう

仮想通貨の基礎知識を押さえ、ウォレットを作ったら、残る条件はあと一つ。イーサリアムを手に入れましょう。幕末スワップに参加してリターンを得るためには、イーサリアムが原資となるからです。

全く仮想通貨を持っていない、仮想通貨未体験の状態からイーサリアムを得るためには、どこかの販売所や取引所のアカウントを作るところからスタートしましょう。

この際、国内の業者を選ぶのが無難です。国内業者は海外業者に比べて手数料は一歩劣ることが多いのですが、その分サポートがしっかりしており、分からないことがあれば日本語で質問できる点が魅力です。

以下に主要な国内仮想通貨取引所をピックアップしておきました。

ｂｉｔＦｌｙｅｒ

https://bitflyer.com/ja-jp/

コインチェック

https://coincheck.com/ja/

ＤＭＭ Ｂｉｔｃｏｉｎ

https://bitcoin.dmm.com/

ＧＭＯコイン

https://coin.z.com/jp/

5-2 イーサリアムを購入する

仮想通貨を購入するにあたって、どの業者を使っても基本的な機能は変わりません。

ただし、必ず現物を購入するようにしてください。証拠金取引の場合、実際にイーサリアムを保有することにならないので、この後のステップに進めません。

サービス名称は業者によって変わりますので、不安ならサポートに「これ、現物ですよね？」と聞くのも良いでしょう。

5-3 自分のメタマスクにイーサリアムを送金

ブロックチェーン上で仮想通貨を送金する場合には、最初に小さい単位でテスト送信して成功を確認してから、残りを送るようにしてください。間違った操作をして、万が一「セルフゴックス」してしまっては目も当てられません。

既に作ってあるメタマスクを開き、まず右上の部分が「Ethereum メインネット」と表示されていることを確認してください。

それから、Account1 と書いてある部分の下にある、自分のアドレスをクリックすると（説明用画像では消しています）、自動的にアドレス全部がコピーされます。

このアドレスに向けて、各仮想通貨業者の送金画面から送金を設定します。繰り返しますが最初はお試しの数量で、必要に応じて業者のサポートを受けながら送金してみてください。

参照：https://metamask.io/

第6章

実は難しくない！
最新テクノロジー、DeFi、DEX

6-1

通貨単品ではなく、取引所ごと無人化

運営者がいないブロックチェーン上の取引所

仮想通貨の基本を学び、メタマスクをウォレットとして導入し、イーサリアムを保有したら、いよいよ幕末スワップに参加できる準備が整いました。

ですが、ここでもうちょっと知識の共有にお付き合いいただきたいです。幕末スワップは、ＤＥＸとマイニングが融合したお金の世界の新たなインフラであると私は解釈しています。両者をしっかり理解してこそ、主体的に幕末スワップに参加できるはずなので、もう少しお付き合いください。

まずはＤＥＸ。Decentralized EXchange の略で、分散型取引所という意味です。

同じような単語としてＤｅＦｉがあり、Decentralized Finance、つまり分散型金融という意味です。

ＤＥＸ、ＤｅＦｉ共にキーワードは分散型で、これがどういう意味かというと、機能が分散しており、中央管理者がいないということ。これまでに学んできた仮想通貨の理念に通じるものがありますよね。ＤｅＦｉが広く分散型の金融を意味し、ＤＥＸはその中の一つの取引所を表す単語です。そして、幕末スワップもＤＥＸです。

なお、分散型の対義語は Centralized で、中央という意味になります。中央集権の取引所をＣＥＸと呼びます。

ＤＥＸには、銀行や証券会社のような常駐スタッフがいません。全ての取引はブロックチェーン上で自動的に処理されます。そう、ここまで読んでいただいた方ならもうピンと来た方も多いでしょう。仮想通貨のような取引所がＤＥＸと考えると、シンプルに理解できるはず。仮想通貨は、あるコインをブロックチェーン上で自動的に人から人へ受け渡しするものでしたが、これが違う種類のコインとコインの交換にまで拡大したのがＤＥＸです。もちろんもっと他の機能や要素もあるのですが、幕末スワップにこれから参加するにあたり、今はこの理解で十分です。

無人である三つのメリット

それでは、ブロックチェーン上に取引所があることで、どういったメリットがあるのでしょうか。

一つ目は、取引手数料が安いこと。ＦＸや株の取引コストは、一時期よりずっと安くなりましたが、国内の仮想通貨取引所の取引コストはかなり割高です。多くのスタッフを配置しているため、その分が取引コストに乗るという側面があります。対してＤＥＸは、ブロックチェーン上で全てを解決、人間の作業が存在しないため、それだけコストが安くなります。

二つ目は、取引が高速であること。ＤＥＸでは、スマートコントラクトの技術を用いて、自動的にやり取りが完了します。取引量の大小にかかわらず、取引が成立すればその内容がブロックチェーン上に記入されて完了です。

三つ目は、取引の透明性が高いこと。全ての取引がブロックチェーン上に記録されて誰でも閲覧できます。例えば、悪意を持ったプログラムで取引所からお金を盗み取ろうとする輩が現れても、すぐユーザーに露呈してしまいます。

仮想通貨の保管は各人がウォレットで行う

もう一つ、ＤＥＸの特徴があって、それは仮想通貨を保管するウォレットは取引所外になります。

ＦＸや株、銀行などのＣＥＸでは、利用者の資産を保管する機能はシステム内にあります。二つの証券会社を使って取引をする場合には、それぞれの口座に資金を入れることになります。

ところがＤＥＸの場合は、利用者がメタマスクなどの自分のウォレットを、取引するＤＥＸに接続します。つまり、利用者の資産は取引所の外に保管されており、複数のＤＥＸを利用する場合でも、ウォレットは一つだけでＯＫです。利用するコンビニが複数でも、使う財布は一つだけですよね。このイメージです。

資産が取引所外にあるということは、ＣＥＸでは起きる可能性があるハッキングなどのトラブルがあっても、利用者の資産はそもそも外にあるので無関係です。代わりに自分の資産は自分でしっかり管理しなければいけませんが、基本的な操作を覚えてしまえば決して難しくはありません。

6-2 流動性への貢献で疑似的な金利収入

通貨のペアを預けるファーミング

仮想通貨を積極的に取引する人にとって、ＤＥＸは非常に有益な存在ですが、そうでない人にとってもＤＥＸは非常に魅力的なサービスです。なぜなら仮想通貨を預けることで、実質的な金利収入が得られるからです。

この疑似金利収入には、ファーミングとステーキングの二種類があるので、それぞれを解説していきます。

まずファーミングですが、これは二種類のコインを組み合わせたものを取引所に預けることで報酬を得ます。コインＡとコインＢのペアにしたものを生成し、それをＤ

EXに預けるのですが、このときAとBの価値が同じになるようにしないといけません。AとBが1対1の交換比率なら、AとBは同数になります。Aの価値がBの2倍なら、Aが1に対してBを2用意します。

なぜこのようにペアを預けることで報酬を得られるのかというと、取引所に対して流動性を提供することに貢献するからです。DEXは通貨同士の交換所なので、交換を希望するユーザーがいれば直ちにそれに応じることで、サービスとして成り立ちます。ですがDEX内にその通貨の在庫がなければ、すぐに交換することはできませんよね。そこであらかじめ通貨を預けておくことで、いつでも通貨が手に入る（＝流動性がある）ことになるわけです。

こういったファーミングの報酬は、通貨を交換する人が支払う手数料から分配されます。

単独の通貨を預けるステーキング

ファーミングと違って、単一の通貨を預けるのがステーキングです。こちらも流動性への貢献で報酬が得られますが、ファーミングよりは報酬が安くなることが一般的です。

DEXを利用した資産運用でよくあるパターンが、まずはファーミングで報酬を得て、その報酬をステーキングで単独運用するというものです。

ケタ違いの報酬

DEXに通貨を預けてファーミングやステーキングをすることで、高い報酬が得られることをご理解いただけたと思いますが、その報酬はガバナンストークンの配布であることが多いです。

ガバナンストークンとは、そのＤＥＸ独自のコインのようなもの。例えば代表的なＤＥＸであるＵｎｉｓｗａｐの報酬は、ＵＮＩというガバナンストークンになります。

「報酬をもらえるといっても日本円、あるいは仮想通貨をくれるわけではないの？」

と残念に思った方もいるでしょう。ところが、有力なＤＥＸのガバナンストークンには、しっかりと価格がついています。２０２１年7月時点で、ＵＮＩは15～20米ドル程度で取引されています。日本円換算で１５００～２０００円くらいですから、しっかりと価値を持っていることが分かります。

２０２０年にＤＥＸは一部の仮想通貨マニアの間でブームになりました。仮想通貨同様、ＤＥＸもインターネット上に公開されているプログラムですから、プログラムの知識があればその内容を参照し、複製やマイナーチェンジすることができます。

その結果として、多くのユーザーを集めている人気のＤＥＸもあれば、ほとんどユーザーがおらず、機能していないＤＥＸも多くあります。この傾向は２０２１年になっても続いており、今後はＤＥＸ間の淘汰が進むと予想されています。

第7章

仮想通貨の根幹インフラ、マイニング

7-1

ビットコインはマイニングなしでは一切流通しない

膨大な計算により取引の正当性を証明

ＤｅＦｉ、ＤＥＸについて土台となる知識を得たら、次はマイニングについても解説します。幕末スワップは、ＤＥＸとマイニングの融合ですから、両者を知ることで幕末スワップが目指す未来がより身近に感じられると思います。

さて、これまで何度か解説してきた通り、仮想通貨はブロックチェーンという技術の上に成り立っています。ブロックチェーンでは、Ｐ２Ｐで接続された世界中のパソコン同士がお互いに情報を共有し、取引が正しく行われたかを相互監視します。取引の情報が正しいと確認されれば、ブロックチェーンの一番最後に最新の取引記録としてつなげられます。

このときの確認作業において、各パソコンが非常に難解な計算式を一斉に解きます。そして計算式を一番早く解いたパソコンに、報酬として仮想通貨が与えられます。

この報酬を得るために、計算レースに参加することをマイニングと呼びます。もともとマイニング（Ｍｉｎｉｎｇ）は採掘、鉱山などを掘るという意味ですが、仮想通貨を得るためにコツコツ作業をするイメージが採掘に近いということで、こう呼ばれるようになりました。

第1号仮想通貨であるビットコインが、この仕組みで設計されたため、後に続く多くの仮想通貨も同様の仕組みを持っています。つまり誰かが計算レースに参加しないと、取引の承認、通貨の新規発行が行われません。ただし、リップルなど一部の仮想通貨ではマイニングができない仕組みになっています。

マイニングをするために必要なもの

仮想通貨は非常にオープンな存在で、誰でも参加できることが理念になっています。マイニングも同様で、次の三つが揃っていれば誰でも新規に仮想通貨を得られる可能性があります。

①計算するための機器

難解な計算式を解くためのマシンが必要で、高性能なほど早く式を解けるため有利です。

②インターネット環境

ネットに接続されていなければ、マイニングに参加できません。ただし一般的なブロードバンド回線で十分。超高速回線を用意する必要はありません。

③ 電気代

計算を解くために常にパソコンを動かし続けるため、マイニングでは非常に多くの電気代がかかります。

7-2

世界中の企業が参加するマイニング報酬の魅力

マイニング成功の莫大な報酬

ビットコインは10分に1回、新しいブロックが追加されます。このとき、計算の正解に一番乗りをしたアカウントに対して、新規にビットコインが報酬として与えられます。ビットコインの価格はどんどん上昇して、2021年春には700万円まで到達。その後は価格を下げましたが、この本を書いている2021年夏の時点でも300万円前後で推移しています。うまくいけば10分間の作業で数百万円の報酬を得られるわけですから、通常ではあり得ないほどのリターンです。

この莫大な収入を狙って、世界中の大企業が仮想通貨のマイニングに参加しています。ビットコインが生まれたばかりのころは、おそらく個人用の非力なパソコンで報酬を得られることもあったはずですが、今では専用の強力なマシンを大量に用意しなければ、とてもではないですがマイニング報酬を得ることはできません。マイニングは既にビッグビジネスになっているのです。

とはいえ、個人が参加して報酬を得る方法はもちろんあります。幕末スワップはマイニングと連動した新しいインフラ事業です。

FXや株にはない資産の増やし方

資産を投じて、それ以上のリターンを狙うという意味では、マイニングも投資の一種といえます。ですが、FXや株とは違うのは、ゼロから資産を生み出しているところです。FXや株は、お金と株券、お金とお金同士の交換で、購入時と売却時の価格差による利ざやを稼ぐのがメインの運用法です。

ですが仮想通貨のマイニングは、何もないところから通貨を生成しているのと同じなので、コストの概念を無視すれば必ず儲かる運用ということになります。発生したマシン代と電気代を差し引いてプラス収支になるときに売却すればＯＫ。そして、少なくとも２０２１年時点では仮想通貨は上下の波を描きながらも、全体としては大きく値上がりしています。時期によってはコストがリターンを上回ることはあるものの、長期的に仮想通貨の価値が上昇していくなら、どこかで必ずプラスになる運用といえます。

7-3 マイニングの現状と未来

過酷な計算力競争

仮想通貨の価格が上昇するに従い、マイニングに参加するプレイヤーも増え、熾烈な競争が繰り広げられているのが現状です。

ビットコインなどでは、参加者が増えると計算の難易度が自動的に上がる仕組みになっており、初期とは比べものにならない高難度の計算式を、マイニング報酬を求める人たちが争うように解いています。

マイニングにおける二大コストのうち、電気代はできるだけ安い方がマイニングの利益が残りやすくなります。そのため電気代が安く、土地も安い中国内陸部などに大規模なマイニングファームを作る大企業が現れ始めたのが、前回の仮想通貨バブルの２０１７年前後。日本ではＧＭＯインターネットグループが、アイスランドにマイニング用地を取得し、大規模な仮想通貨のマイニングに進出したことで話題になりました（残念ながら後に撤退）。

仮想通貨のマイニングは、大企業同士が計算力を競う大規模なビジネスに発展してしまっているのが現状です。ただし、一般人でも参加できる方法がいくつかあります。

ASICとGPUは何が違うのか

マイニングをするための機材は、ＡＳＩＣ（エーシック）とＧＰＵに大別できます。

ＡＳＩＣとは、特定の用途に向けて開発された集積回路のことで、マイニング以外の用途には一切使用できません。

ＡＳＩＣはマイニングのためだけに作られているので、他にもいろいろな使い方がある通常のパソコンと比べるとはるかに高性能です。そのため、ある仮想通貨のマイニングに対応したＡＳＩＣが開発されると、この後出てくるＧＰＵなどを使ったマイニングでは計算スピードに差がありすぎて、ほとんどマイニングができなくなります。また、より高性能なＡＳＩＣが開発されると、旧世代のＡＳＩＣは使い物にならなくなります。

この典型例がビットコインで、ビットコインに採用されている暗号を解くために開発されたＡＳＩＣでなければ、実質的にマイニングすることは不可能です。

個人が家庭でビットコインをマイニングするためには、ＡＳＩＣを購入して動かすことになります。

これに対してＧＰＵとは、パソコンに搭載するグラフィックを描くための専用のパーツです。どんなパソコンにも、CPUと呼ばれる中央演算処理装置があります。CPUは複雑で難解な計算は得意ですが、同じような作業を並列して何個も同時にこなすのはあまり得意ではありません。

パソコン上にきれいな画像を表示したり、滑らかに動画を再生したり、3Dのゲームをするための描画は、同じような計算を同時にいくつも並行することになるため、CPUは苦手なのです。これに対してGPUは、そういった並列の計算が得意なので、ゲーム用のパソコンにはCPUから独立してグラフィックを描くためのGPUが搭載されています。

そして仮想通貨のマイニングをするための計算は、GPUが得意なタイプの作業なので、パソコンのGPUにマイニングのための計算をさせます。市販されているGPUとパソコンを組み合わせたマイニングは、二度目のバブルの2017年に前後して盛んになりました。主にゲーム用途のGPUを仮想通貨のマイナー（マイニングを行う人）が買い占めたため、パソコンのゲーマーが困っていることもニュースになりました。

ＧＰＵでマイニングできる仮想通貨の代表格は、イーサリアムとなります。イーサリアムはＡＳＩＣを作りにくい計算式を採用しているため、ＡＳＩＣが開発されず、その結果として現在でもＧＰＵのマイニングが有効です。

ＧＰＵマイニングでも計算力が収益に直結しますが、ＡＳＩＣほど機器の世代交代が急激ではありません。数年前のＧＰＵでも、数年前なりのスペックで収益を上げられることが多いです。

ＧＰＵでマイニングをする場合には、パソコンを自作できるスキルが必要となります。複数のＧＰＵを搭載できる、マイニング専用のマザーボード（メイン基板）も市販されており、ある程度以上パソコンに詳しい人なら自宅でもマイニングができます。

ただし２０２１年夏の時点では、仮想通貨の高騰に伴ってマイニング機材の全般的な品薄が続いています。

個人がマイニングするにはプールを利用

ＡＳＩＣなりＧＰＵ搭載パソコンなりを用意すれば、個人でもマイニングはできます。ただし、単独でマイニングに参加しても、世界中の強豪に対してほとんどゼロに近い計算力では対抗できません。何十年やっても一度も計算を最初に解けない可能性が高いです。

この問題を解決するのがマイニングプールです。たくさんのマイニングする人が集まり、みんなの計算力を一つにしてマイニングをするため、計算を最初に成功させる確率が現実的なものとなります。そうして得られた仮想通貨は、わずかな手数料を引かれた上で、計算力に応じて分配されます。非力なマシンでも、非力なりの分け前があるというわけです。

今後もマイニングの力は必要

マイニングを仮想通貨の流通の中心に置く考え方のことを、ＰｏＷ（Proof of Work）と呼びます。直訳すれば、仕事量の証明。マイニングによる計算作業を重視し、これに対して報酬が与えられる仕組みのことです。

ＰｏＷが採用された仮想通貨の価値が上がると、マイニング事業を独占できる資本力のある大企業の影響がどうしても強くなります。これは権力の集中を嫌うビットコインの理念に反するものです。また、ＰｏＷは膨大な電気を消費するため、地球の環境に対して優しくないのではという議論もあります。

ＰｏＷとは違う概念として広がりつつあるのが、ＰｏＳ。これはProof of Stakeの略です。株主のことをステークホルダーと呼びますが、これと同じような意味合いで、その仮想通貨をたくさん保有しているほど、新規ブロックを作成する権利が与えられる仕組みです。つまり、大口であるほど自然に仮想通貨が付与されます。

イーサリアムをはじめとした複数の仮想通貨が、ＰｏＳへの移行を目指しているものの、完了するまでにはまだ時間がかかるものと思われます。ということであれば、仮想通貨の公正な取引のためには、ＰｏＷ、マイニングの力はまだ必要です。仮想通貨を動かしていくためのインフラとして、マイニングは引き続き重要な役割を果たすでしょう。

初心者がマイニングをする際のハードル

このように仮想通貨のマイニングは、重要なインフラであると共に、非常に魅力的な資産運用でもあるわけです。

かくいう私も自宅でのマイニングにハマりにハマって、毎月数万円の電気代を払い、100万円以上をパーツ購入費用に注ぎ込みました。その結果として、イーサリアムやビットコインなどの仮想通貨を、今の時点でのレートで200万円以上採掘できているので十分にプラスです。今は機械の老朽化と住環境の変化によりマイニングを停止していますが、余った機材は自分や友人用の自作パソコンのパーツとして流用しています。

自分の家でお金が少しずつ生み出されていくことは非常に楽しく、パーツやソフトの設定を工夫することで収益率がアップするのはマイニングの醍醐味です。また、外出先からノートパソコンで家のマイニングが問題なく稼働していることを確かめたときには、何ともいえない幸福感があったものです。

ただ、マイニングを個人が行うハードルは決して低くないです。実質的にパソコンの自作ができないといけませんし、そのためのパーツも高価です。また、電気代もべらぼうにかかります。

そして熱の問題がつきまといます。ＡＳＩＣでもＧＰＵでも、マイニングをする際には専用の機械が超高速の計算を24時間休まず続けるわけですが、この際に機械は猛烈な熱を持ちます。マイニングソフト側で、「熱が70度以上になったら計算速度を下げる」といった設定をすることで、効率化を図るなどの対策をするわけです。ということは、室内に70度まで上昇するパーツがむき出しに置かれるわけですから、居住環境でマイニングをするのはそれなりの覚悟がいります。ＡＳＩＣやＧＰＵを一つや二つではなく、10個、20個と同時に動かしてこそ大きなリターンも得られますから、夏などは大げさではなく命の危険を感じるほどの暑さになります。

このように個人が直接マイニングをするためのいくつものハードルを越えなければいけません。でも、「自分には無理だ……」と諦めることはありません。自分の家でパソコンを自作できなくても、マイニングに参加できる方法があります。

それがマイニングと連動したＤＥＸ、幕末スワップです。

第8章

二つの重要インフラが融合！

8-1 DEX×マイニング

仮想通貨の世界になくてはならないもの

ブロックチェーン上に作られる、手数料が安く高速で取引が完了し、流動性への貢献で実質的な金利収入を得られるのが、分散型の仮想通貨取引所（ＤＥＸ）です。

仮想通貨の公正な取引承認と新規発行を司る、ＰｏＷの仕組みを実際に動かしていくのがマイニングです。

ＤＥＸとマイニング、どちらも仮想通貨の世界においてなくてはならないインフラです。その両者が融合することで、仮想通貨全体、そして参加者に対して、多大なリターンをもたらす可能性を秘めていると個人的にとても期待しているのが幕末スワップです。

マイニング報酬を再投資

幕末スワップは、仮想通貨のマイニングファームを2016年から現在まで運営している、老舗の企業が運営母体になっています。その代表がこれまで何度か出てきている、マレーシア国籍のライキッシュ・ラジェンドラン氏。

ラジェンドラン氏は、世界中の複数の地域で仮想通貨のマイニング事業を行っており、2021年に満を持してマイニング事業と連動したDEXをローンチするため、日本国内にマイニングファームを建設しました。

そのマイニングファームから得られた利益の一部は参加者たちに還元され、またマイニング事業へ再投資（主に機材の購入）されるとのこと。

このようにＤＥＸがマイニングと連動することで、参加者へのリターンを確保しつつ、より事業を拡大していくというのが、幕末スワップの強みであると筆者は見ています。

実業としてしっかりとビジネスを行う

ＤＥＸは２０２０年から２０２１年にかけて、急激に増加しました。それ以降も雨後の筍のように、日々新たなＤＥＸが登場しています。既に稼働しているもののプログラムをコピーして、マイナーチェンジすることで新しいものが作れますから、人気ＤＥＸを真似ただけの中身のないものが大量に存在しているのが現状です。

そういった形だけのＤＥＸ、中身のないＤＥＸが繁盛することはほとんどありません。ガバナンストークン（ＤＥＸ固有のコイン）にはほぼ価値がなく、誰も取引をしていない廃墟のようなＤＥＸの方がずっと多くなっています。また、ユーザーから仮想通貨を騙し取るために作られた、詐欺まがいのＤＥＸも残念ながら存在しています。

それに対して幕末スワップは、ラジェンドラン氏が経営するマイニング企業という明確な運営母体があり、なおかつマイニングという実業とリンクして運営されている点が高く評価できます。つまり虚業ＤＥＸである可能性は低いでしょう。

日本語で操作できる点も魅力

幕末スワップが、他の多くのＤＥＸと異なる点があります。それは、日本語で完全に操作できること。

人気があって多くの取引量があるＤＥＸのほとんどは、英語で表記された画面での操作が求められます。サイト内で翻訳されているものもありますが、そのまま英語が残っていたり、不自然な直訳だったりと、私たち日本人がスムーズに使えるような分かりやすい日本語のものは少ないです。

しかしそこは日本びいきのラジェンドラン氏。設計段階から完全に日本語にローカライズされているので、私のような英語が苦手な人種でも使いやすかったです。

8-2

報酬は独自コイン

クリプト維新の中心軸は龍馬

幕末スワップにおいて、ファーミングやステーキングをすることで得られるのは、独自のトークンである「龍馬コイン」です。ここからはＲＹＯＭＡと呼んでいきます。

ＲＹＯＭＡと他の仮想通貨を組み合わせてのファーミングや、単体で預けるステーキングをすることで、幕末スワップの流動性に貢献、その報酬として追加のＲＹＯＭＡがもらえます。またマイニング報酬の分配も、保有しているＲＹＯＭＡに応じてなされます。

ガバナンストークンを増やすことが目的

幕末スワップに参加する目的は、つまるところ個々人の資産や目標利益、ライフスタイルなどに合わせて、専用のトークンであるＲＹＯＭＡを得ることです。そしてこのＲＹＯＭＡの販売価格が上昇していくことで、私たち参加者は運用益を得ることができます。

ということは、投資家側としては、ＲＹＯＭＡの市場価格を上昇させていってほしいところですが、ラジェンドラン氏より既にいくつものアイデアがあることを教えてもらっています。

①売り抜けによる価格下落を緩和

プレセールという最初期に購入されたＲＹＯＭＡは、その半額が一定期間売却ができきないような仕組みになっています。そのため嬉しいことに、購入後に値上がりしたので全額を売り抜けるといった行為ができません。

また、ＲＹＯＭＡには一人の購入上限が決められているため、大口の売り抜けに振り回されにくいように設計されているとのことでした。

②大手取引所へのRYOMA上場を交渉中

幕末スワップの独自トークンであるＲＹＯＭＡが、幕末スワップではない別の取引所でも取引ができるように運営チームが各所と交渉中であると教えてくれました。

現在交渉しているのは、バイナンス、ＦＴＸ、Ｈｕｏｂｉ、ＯＫＥｘといった世界的に影響力のある取引所です。これらでもＲＹＯＭＡが資産として取り扱われることで、ＲＹＯＭＡの信用が増し、価値の上昇に好影響があると予想しています。

③マイニングプール建設を視野に

既に解説した通り、存在している企業が、実態のあるビジネスであるマイニングと、DEXを結びつけている幕末スワップ。匿名の個人や団体が運営しているわけではない安心があります。

さらにラジェンドラン氏は、独自のマイニングプール建設を視野に入れているそうです。

これまでは他の企業が作って運営しているマイニングプールに接続することで、マイニングの利益を得てきましたが、自分たちで多くのマイナーを集めるプールを運営できれば、仮想通貨の世界における立場はかなり強くなります。

マイニングプール運営によりマイニング事業の利益が増えれば、それだけ幕末スワップの体力アップにつながり、RYOMA上昇の要因となるでしょう。

④ NFTの決済手段としても

また、RYOMAは、NFTの決済手段になる機能も持ち合わせています。NFTとは、デジタルの世界における権利を明確にする仕組みのこと。

インターネット上の電子データは簡単に複製、拡散ができるため、画像や動画などのコンテンツでオリジナルのデータと、コピーされたデータを見分けることができません。

しかしNFTの仕組みを使えば、コンテンツの所有権がブロックチェーン上で明らかになる、つまり「誰がそれを持っているのか」がはっきりするため、アーティストやタレントの活動と相性が良いです。著名人がNFTをRYOMA経由で実行する流れが活発になれば、それだけRYOMAの価値は上がると見ています。ラジェンドラン氏によれば、既にそういったプランは複数あるとのことです。

8-3 今後の新規DEXの可能性は？

この本が書店に並ぶころには、ＲＹＯＭＡは大手のＤＥＸ、Ｕｎｉｓｗａｐへ上場されますが、ここは非常に流動性が高く、たくさんのユーザーが仮想通貨の売買を24時間行っています。よって、上場されたばかりのコインに取引が集中し、大きな上昇を見せるケースが多々あります。

例えば、２０２０年8月に上場されたＳＵＳＨＩというトークンは、最初は1単体で２７０円でスタートしました。それから1週間で14億円を調達し、一時は２３８０円の高値をつけました。10倍近い値上がりです。

ＤＥＸの独自トークンの時価総額は15兆円前後（２０２１年4月時点）にまで成長していますから、ＳＵＳＨＩのこの急激な上昇は特別なケースではありません。他にもさまざまなトークンが急騰してきました。

ということであれば、ＲＹＯＭＡも上場時から10倍程度の価格上昇は当然ありうると私は睨んでいます。そして実業であるマイニング事業が、ＲＹＯＭＡの上昇を強力にアシストすることが考えられます。

終章

お金の未来、仮想通貨の役割、世界が目指す方向

ライキッシュ・ラジェンドラン氏特別インタビュー

それでは最後に、幕末スワップの仕掛け人であるライキッシュ・ラジェンドラン氏へのインタビューを皆さんにお届けします。幕末スワップの可能性と、氏の仮想通貨、そして日本に対する想いを語っていただきました。

仮想通貨は未来の価値への投資

山本　いきなりですが、ラジェンドランさんにとって、仮想通貨とはどういう存在ですか？

ラジェンドラン　いきなり難しい質問ですね（笑）。仮想通貨が世の中に出回り始めたころと今では、その役割も少し変わってきたと思います。最初は、デジタル上の通貨で、ビットコインという名称がまさにそのものですよね。

だから当時、仮想通貨の存在に懐疑的だった人々は、口を揃えて「こんなものが米ドルや円の代わりになるはずがない」といっていました。確かにそれはその通りだと私は思います。というか、仮想通貨は法定通貨を駆逐するために存在するわけではありません。エルサルバドルがビットコインを法定通貨に採用しましたが、かといって、それまでに使ってきた米ドルが不要になったわけではありません。米ドルも変わらずあの国の法定通貨です。

仮想通貨が何かと聞かれれば、いくつかの答えがあります。ビットコインで買い物をすることはできますが、仮想通貨を保有しているとしてもほとんどの人はビットコインで何かの支払いをしたことはないと思います。価値変動が激しいですし、出先で使うウォレットもそんなに使い勝手が良いとはいえません。

それでもビットコインの価値は下がりません。それは、通貨としての役割以外の価値を人々が見いだしているからです。私が思うに、ビットコインはブロックチェーン技術、デジタル上の決済といった、今後社会をより良くしてくれるデジタル技術の象徴です。こういった新技術への期待が続く限り、シンボルとしてのビットコインの価値も上がり続けるはずです。

山本　ビットコインはデジタルゴールドと呼ばれますよね。

ラジェンドラン　そうです。金は、基板の配線などに使われることもありますが、それは現代になってからのこと。過去の歴史において、金には美しい以外の役割はありませんでした。でも金はずっと社会において価値を持ったものでした。それは金が、富の象徴であるからです。

これに金の希少性が加わります。そんなにたくさん採れるものではないからこそ、金はずっと価値があるものだったのです。

山本　ビットコインも、最大発掘量は決まっていますよね。金とよく似ています。

ラジェンドラン　仮想通貨が何かという問いについては、デジタル社会の未来の価値そのものと私は答えます。ビットコインやイーサリアムが、大きく上下動をしながらも長期的にその価値を上げていくなら、人々はデジタル技術がもっと発展していくことに期待していることになります。未来の価値へ投資をし、保有できるのが仮想通貨です。

時代に合った現実的なベーシックインカム

山本　未来への期待が仮想通貨の価値を押し上げているわけですね。具体的に、どういったアイデアやサービスが今後伸びていくのでしょうか。

ラジェンドラン　やはりＤｅＦｉですね。非常に大きな可能性を秘めていると思います。幕末スワップのようなＤＥＸが、既存のＣＥＸと比べても遜色のない、高速、低コストの取引所であることは間違いないですよね。

山本　仮想通貨を交換しようと思ったら、国内の取引所と比べてはるかに安いコストで済みます。

ラジェンドラン　それに加えて、取引をしない人にもメリットがあるのがＤＥＸの良いところ。流動性に協力することで、一定のリターンを長期間にわたって受け続けられます。

幕末スワップでは、参加してくださる方に、ガバナンストークンであるＲＹＯＭＡを付与します。このＲＹＯＭＡが暴落しないような仕組みを作っていくことにも力を入れていきますので、腰を据えて参加していただくことで、それなりのリターンを期待してもらえると思います。

山本　今の時代に合ったベーシックインカムのような存在ですね。

ラジェンドラン　まさにそれです。私の母国マレーシアは、日本と比べるととても貧富の差が激しいです。私は中産階級の出身で、生活に困ることはなかったですが、その日の食べるものや寝る場所に困っている人もたくさん見てきました。だからこそ、全国民の生活の土台となる収入を国家が保障する、ベーシックインカムのような仕組みが必要だと若いときから考えていました。

私は政治家にはなれませんでしたが、何らかの形でベーシックインカムを社会で実現したいと思っていました。そのため、今の時代にマッチしたベーシックインカムとして、幕末スワップを世に送り出せて僭越ながら使命を果たせたと思っています。

蓄積されたマイニングのノウハウに強みあり

山本　幕末スワップは、マイニング事業と連動したＤＥＸですが、あらためて御社のマイニング事業についてお聞きしたいです。いつ頃から取り組まれていますか？

ラジェンドラン　マイニングに取り組み始めたのは2016年です。現在のメイン法人の立ち上げは2020年ですが、その4年前から既に始めていました。かなり古参ではないかと思います。

山本　幕末スワップの仕掛け人ではありますが、仮想通貨との関わりはマイニングの方が先だったわけですね。

ラジェンドラン　そうなります。マイニングは、世界のどこで行っても収益価値が変わらない側面を持っています。インターネットが発展しようと、ほとんどのビジネスは、どこでやっているかが収益に影響します。地価が違えば人件費も違うからです。

マイニングの場合なら、計算をする機械と電気代、インターネットの常時接続さえあれば、世界のどこで行っても得られるリターンは同じです。これは地域間の経済格差を解消する可能性を秘めており、ひいては世界の貧富の差も埋め、貧困問題を解決する可能性につながります。

さて、私たちのマイニングの特徴は、まずASICよりGPUを重視しているところです。ASICは確かに計算力は圧倒的なのですが、ある一つの暗号しか解読できず、活用の幅が狭いんです。そして、より高速なASICが出てくると、古いモデルは簡単に駆逐されてしまうんですよね。これがGPUなら、幅広い銘柄に対して、安定的に採掘が可能です。

それと、電気に強いこだわりをもって運用しています。マイニングの二大コストは機材代、電気代です。機材は壊れたり旧式化しなければずっと使えるものですから、電気代を抑えることが事業成功の鍵です。

一般的には、電気代が安い国が有利に思われています。これは確かにそういう面もあるのですが、今回幕末スワップと連動させることを念頭に建造したマイニングファームは、実は日本国内にあります。

山本　日本は電気代が高いというイメージでした。

ラジェンドラン　はい、確かに日本は世界でもかなり電気代が高い部類に入ります。でもそれは、家庭用の電気の話です。工場などで業務用に使われる高圧電源なら、家庭用電源の半分くらいの電気代になるんですよね。

　これくらい電気代を下げられると、日本でマイニングをするメリットがたくさん出てきます。一番大きいのは電力の品質です。日本の電力は非常に高品質で、これがマイニングには有利に働きます。品質とは何かというと、電気の安定性です。電圧が安定しなかったり、一瞬でも送電が途切れたりすると、その都度マイニングのマシンは停止、再起動となります。このロスは長い目で見ると大きな差になります。

　もちろんマレーシアよりずっと治安はいいです。そのためセキュリティに関するコストがとても安く済むのが魅力です。電気代が安い国の多くは、どうしてもさまざまな面でセキュリティのためのコストがかかってしまうので、思ったほど電気代の安さというメリットを生かしにくいんですよね。日本以外の国で、実際にマイニング工場に侵入されて、機材を盗まれたことがあります。日本ではこういったタイプの犯罪が起きる可能性は低いですよね。

また、日本でのファーム運営は、日本の企業に一部の業務を委託していますが、日本のスタッフさんはとても仕事が丁寧なので、安心してお任せすることができます。

こういったメリットがあるからこそ、日本でのマイニングにこだわりました。高圧電源をできるだけリーズナブルに使えるよう、複数の電力会社と何回も交渉を重ねてきました。

山本　電力以外にこだわりがある部分は？

ラジェンドラン　廃熱です。山本さんもご存じの通り、マイニングはある意味熱との戦いです。ファーム内は驚くほどの高熱になるので、いかに温度を下げるかが勝負。

ここに問題があると、採掘効率がガクンと下がります。

マイニングの廃熱のポイントは、いかに空気を屋外と入れ替えるかです。室内が高温になるため、屋外と空気をただ入れ換えるだけで圧倒的な廃熱になります。こういった理由から、エアコンではダメなんです。

この観点から、流体力学の研究も進めています。どういった風の流れを作れば、効率的に熱を外部に逃すことができるか、試行錯誤をずっと繰り返しています。廃熱にも電気代がかかりますから、効率的な廃熱がファーム全体の消費電力を下げます。

あとは、機材の仕入れルートの開拓です。最近は台湾のベンダーから直接ＧＰＵを買い付けることで、機材コストを抑えることに成功しました。機材も消耗品なので、必要以上のコストをかけないことが大切です。

こういったノウハウの積み重ねがあったからこそ、仮想通貨の価格が低迷した２０

18年、2019年も損益分岐点を割り込まず、2020年以降のバブルで大きな利益を得ることができたのです。

クリプト維新に参加する方たちへ

山本　ところで、幕末がお好きなんですよね。

ラジェンドラン　はい。日本という国をとてもリスペクトしています。歴史にも興味があり本もよく読みます。特に好きなのが幕末の時代です。250年以上ずっと鎖国をしていたのに、ごく短い期間で国全体がまとまって新しい体制に移行した明治維新は、世界史における奇跡だと本気で思っています。

幕末から明治にかけての日本のように、さまざまな価値観が入り交じる混迷の時代を引っ張るような存在を作りたいと思い、幕末スワップと名付けました。そしてこの時代を象徴する人物、坂本龍馬にあやかって、専用トークンをＲＹＯＭＡと名付けました。

山本　なぜＤＥＸにマイニングの要素を組み合わせたのですか？

ラジェンドラン　マイニングは非常に優れた資産運用であり、また仮想通貨の存在そのものを支える重要なインフラです。私の知人にも、マイニングに挑戦したいという方は多いのですが、やはりパソコンを自作したり、専用のスペースで廃熱をしたり、高い電気代を払ったりといったことが難しいようです。それならば、マイニングのファンドを作ろうと思い立ったのが最初でした。

その後、出資者へのリターンを金銭ではなく、ＤＥＸ内のガバナンストークンで行うというアイデアがスタッフから出まして、それが幕末スワップの原型になりました。分散型取引所とマイニングという、仮想通貨になくてはならない二つのインフラが融合することで、仮想通貨全体にも、参加いただく皆さんにも、そして私たちにもメリットがあるスキームが構築できたのではないかと思います。

山本　最後に、読者の皆さんにメッセージをお願いします。

ラジェンドラン　仮想通貨は、決して一過性のバブル商品ではありません。今後100年間、社会の中心にあって私たちの生活クオリティを向上させてくれるものです。インターネット上のお金のやり取りにとどまらず、ＤｅＦｉ、ＤＥＸのような人の手を介さない自動取引所は既に市民権を得ています。そしてこれからも、私たちが想像もつかないプロダクトやサービスの土台に、仮想通貨がきっとあると思います。

だからこそこの世界に習熟し、積極的に参加することで、参加していない人より有利になるのは間違いありません。幕末スワップは、コインを交換するＤＥＸ、ブロックチェーンを作るマイニングに参加することで、値上がりの期待ができるＲＹＯＭＡトークンを受け取ることができます。操作が分からない、仕組みに不明点がある方に向けて、ＬＩＮＥを使ったサポートもやっていますので、ぜひご活用ください。日本人スタッフが丁寧に対応いたします。

この幕末スワップで、クリプトの世界に維新を起こすのが私たちの願いです。皆さんと一緒に世界をより良くしていきましょう。

あとがき

本の中でも書きましたが、仮想通貨は4年周期で上がったり、下がったりする傾向があります。少なくともこれまではそうでした。

この周期通り、4年前と同じ動きになるなら、今回の上昇の頂点は時期的には2021年末に来るはずです。であれば、この本が出たタイミングではまだ勝負をかけるべきで、撤退するなら冬ということになります。

でも、実際にこの通りになるかは誰にも分かりません。確かにビットコインは4年に一度マイニング報酬が半分になるため、それが仮想通貨全体の4年周期をこれまで作ってきたのは事実です。とはいえ、ビットコインの影響力は少しずつ下がっていますし、おおむね4年周期を保つとしても、4年前とピッタリ一致する動きになる確率の方が低いでしょう。

そもそも、これはどうでもいいことです。確かに、短期的な目線で仮想通貨の売買益を得たいのなら、近い視点での相場予想をしなければいけません。でも、もっと長い目で見て仮想通貨の価値は上がり続けていくと私は思っているので、何も焦ることはありません。今年仕込んだものが、次の4年周期にあたる２０２４年、２０２５年に花開けば、それで全く問題ないのです。

そのため皆さんは、ぜひとも分割利食いを意識してください。これも本の中で触れましたが、一番良いタイミングで買い、一番良いタイミングで売り抜けることは、神様でもできません。狙うこと自体が間違っているし、もし底や頂点で売買できたのなら、それは単なる偶然です。

この本を手に取った皆さんが、仮想通貨の売買や幕末スワップへの参加で首尾良く利益が出たとしたら、全部を決済しないでください。１割でも手元に残しておくことで、さらなる上昇に乗ることができますし、仮想通貨の爆発力と将来性を考えればそれはあり得る話です。続伸した場合の、「逃がした魚は大きい」感情を抑制することもできます。

最後に、日本之書房の片山善一郎さん、発作的な私の執筆欲求に対応していただき、本当にありがとうございます。この世界を出版という信頼のある形で伝えることができて、自分の社会に対する使命を果たせてホッとしています。

そして、親愛なるライキッシュ・ラジェンドラン。新しい世界へ誘ってくれて本当にありがとう。

私たちの未来はどうやら明るいようです。

山本征也（やまもと　ゆきや）
1972年生まれ、千葉県出身の投資ライター。出版社勤務を経て28歳のときに独立。現在まで文筆業1本で生き残ってきた、ベテランのフリーライター。金融、投資関連に精通しており、株式投資、外国為替（FX）を中心に、インデックス、債券、商品先物など、幅広いジャンルの投資関連書を執筆。ただし守秘義務やしがらみの関係で、近年は本名での情報発信が難しく、ここ数年はペンネームでの出版が増えている。趣味はバッティングセンター通い。最近ハマっているのは、仮想通貨のマイニング。

図　版　小田純了
DTP　　荒木香樹

クリプト維新《いしん》
仮想通貨《かそうつうか》マイニングが人類《じんるい》にもたらすベーシックインカムの未来《みらい》

2021年8月4日　初版発行

著　者――山本征也
発行者――齋藤長信
発行所――日本之書房
〒141-0031　東京都品川区西五反田8-2-12　アール五反田7A
電話 03-3868-8500　FAX 03-3868-8510

印刷・製本――新日本印刷

ISBN978-4-88582-254-4 C0033　Printed in Japan